高橋洋一

日本の「老後」の正体

GS

まえがき

先日私は、仕事で高校生と話をする機会があったのですが、その高校生がこんなことを言っていました。

「この間テレビで見たんですけど、日本の借金がどんどん膨らんで今1000兆円を超えてるって本当ですか？　しかもこれから、さらに少子高齢化が進んだら、ますますお金がなくなるって……。このままだと今の若者は年金ももらえるかどうか分からないんですよね？　将来年をとった時に、食べていけなくなると思うと不安で不安で、夜も眠れなくなってしまったんです！」

私が高校生の時は、「老後が不安」なんて考えたことは一度もありませんでした。それを考えると、今の高校生はなんて不憫（ふびん）なんだ……。それが本書を書こうと思ったきっかけです。

高校生が心配しているくらいだから老後が見え始めている40代以上はもっと不安なはずです。

確かに、今の日本経済に対し、同じような不安を抱えている人は多いでしょう。

「日本経済は危機的状態にある」
「年金は破綻寸前だ」

テレビや新聞、雑誌等で、そんな風に日本経済を悲観する議論が、ここ何年も繰り返されてきたからです。

ですが、いつの時代も、メディアというものは、極論を好むものです。

かつて「ノストラダムスの大予言」が多くの小中学生の心をつかみ、恐怖のどん底に叩き落としたように、財政赤字からくる「予言」は、人々の恐怖心やそれに伴う「怖いもの見たさ」を刺激してきます。人は根本的に、不安要素に惹きつけられてしまう傾向があるからです。

多くの人々が経済危機説を信じるのは、実際にたくさんの人が、老後や将来に不安を抱いているからでしょう。

しかし、マスコミによる根拠薄弱な極論を真に受けて、人生の将来設計や資産運用計画を立てるのは、あまりに危険な行動です。

それが、時に人生で後戻りできないほどの損害を生む可能性すらあるからです。

そこで本書では、日本の今後の「老後の問題」の行く末について、センセーショナルに訴えかけるのではなく、丁寧にデータを解説しながら、みなさんと一緒に、科学的な視点でじっくり考えていきたいと思います。

世の中には、人の不安心理を利用する人が存在するため、よくよくの注意が必要です。

私の亡くなった親は、しょっちゅう証券会社や銀行にそそのかされていました。金持ちではありませんでしたが、預金と国債を持っていたため、証券マンが「このままだと日本の財政が悪化して、国債は暴落するから持ってちゃいけないですよ」とあおっては、国債を売ってリスクの高い投資信託を買うことを勧めていました。そういった商品は手数料も高いため、証券会社にとってメリットが大きいからです。

また、私はかつて大蔵省の関東財務局で理財部長をしていましたが、当時毎日のように「金融業者にだまされた」という相談の電話を受けていました。いずれも経済危機説を掲げて危険な商品を売りつけられ、大損をしてしまったという内容でした。

他人を恐怖に陥れることで利益を得るのは、金融関係者だけではありません。「経済評論家」や「経済学者」もどきも数多くいます。彼らにより、「日本の財政破綻を喧伝(けんでん)する本」や

「人口減少によって日本経済が壊滅すると説く本」のような、日本経済を悲観する内容の本が多く出版され、それらがベストセラーの棚に並ぶことは少なくありません。

確かに、人の将来ほど読めないものはありません。

いい大学を出て大企業に入った人でも、いろいろな都合で会社を退職し、50歳を過ぎて再就職がままならない人も珍しくありません。そういう人は、老後は年金をもらわないと生活していけないでしょう。

このように高齢になった時、年金がなければ絶対に生活していけない人もいて、若い時には、自分が将来どちら側の人間になるかまったく分からないのです。

一方で、年金制度は厳密な計算の上に成り立っていて、最初から破綻しないように設計されています。そのため、「年金は将来、破綻する」といった言説を真に受けて、年金を払わないでいるのは、老後のリスクを大きくするだけです。

国が経済危機を迎えたからといって、簡単に破綻するようでは、その役割を果たせません。

それ以前に、そもそも、この国に蔓延（まんえん）している日本経済危機説は、本当に正しいのでしょうか？

「国の借金が1000兆円もあるから、日本の財政は危機的状況にある」
「日本はもう右肩上がりの経済成長はできない」

このような見解が、精緻にデータを検証した結果、「誤り」あるいは「真っ赤な嘘（うそ）」だとしたら、あなたはどう思うでしょうか。

もしそれらの説が間違いだったとしたら、今多くの人々が抱えている漠然とした不安が、「大いなる杞憂（きゆう）」ということになります。杞憂とは、心配しなくていいことを心配することです。たった一度きりの人生を、そんな根拠のない説に左右されて不安の中過ごすなんて、もったいないことだと思いませんか。

本書では、そんな壮大な取り越し苦労を避け、それによる損失を少しでも減らすために、日本の今後に関わる経済問題について、分かりやすいデータとともに丁寧に解説していきます。

そして、老後に不安を抱えている人が、具体的にどのように将来に備えればいいか、私なりの見解もすべて公開していきたいと思います。

本書の内容を理解してもらえないと意味がないですから、冒頭に登場した高校生でも理解できるよう、対話形式で話を進めていくことにしました。

本書を通して、あなたに「老後について必要以上に不安がる必要はないな」と感じていただければ幸いです。

二〇一九年三月

髙橋洋一

日本の「老後」の正体／目次

まえがき　3

第1章　日本経済は本当に成長できないのか　17

始まりは、バブル崩壊　18
バブルとは何か　18
「景気」とは何か　23
バブルが生まれた本当の理由　24
なぜ、不況が始まったのか　29
金融政策とは何か　32
過ちを重ね続けた日銀　33
バブル崩壊を乗り越えたアメリカ　35
リーマン・ショックはなぜ生まれた？　38
今、最も多く行われている金融政策　40

ゼロ金利政策と量的緩和政策 44
マネーストックとマネタリーベース 46
お金が使われるとお金が増える 49
日銀のバランスシート 52
リーマン・ショック後についた差 53
インフレ・デフレとは何か 57
インフレとデフレ、どちらがいいか 59
景気とインフレ・デフレの関係 61
物価はどのように変動するのか 63
インフレ・デフレと失業率の不思議な関係 64
景気が回復しても失業者が出るのはなぜか 66
最も景気がいい状態とは？ 67
景気が悪い状態とは？ 69
不況には2つのタイプがある 71
どちらのタイプの不況か知る方法 72
バブル後のデフレは「いいデフレ」？ 73
「いいデフレ」は存在するのか 76
なぜ日本でデフレが起こったか 78

金融緩和をしてもデフレは避けられなかった？ 80
経済学者VS日銀官僚 83
ようやく正しい舵取りがなされた 86
日銀新体制スタートから6年の間に起きたこと 89
なぜ日銀の金融緩和は効いたのか 90
円安はいいことか、悪いことか 96
中国からの輸入品がデフレを招く？ 101
生産年齢人口の減少がデフレを招く？ 104
誤ったデフレ原因説を支持した白川日銀総裁 108
人口が減少するとデフレが起きる？ 109
金融緩和をするとハイパーインフレが起きる？ 111
これまでの日銀の愚策 114
今後バブルが生じたら、どういう対応が必要か 115

第2章 なぜ日銀の政策はうまくいっていないのか 117

安倍政権の経済政策は何点か 118

なぜ日銀の金融政策はうまくいっていないのか 119
財政政策とは何か 121
2014年の消費増税がもたらしたもの 123
イギリス経済も消費増税で失速していた 126
誰が自殺者を増やしたか 127
構造改革とは何か 130

第3章 「国の借金1000兆円」はやっぱり嘘でした 137

国の借金1000兆円？ 138
正しい金融政策とは 146
なぜ日銀、政府・財務省は間違ったのか 149
なぜ財務省は間違ったのか 150
国の借金1000兆円をどうするか 154
債務残高対GDP比の意味 157
どうすれば財政破綻を避けられるのか 158
消費増税のマイナス影響を予測できなかった財務省 165

消費増税はどのタイミングでやるべきか　169
財政破綻の危険性を測る方法　172
世界から日本はどう見えている？　174

第4章「日本の年金が破綻する」もやっぱり嘘でした　185

年金破綻論の正体　186
日本の年金制度の基本的枠組み　189
「賦課方式」と「積立方式」　192
年金はどのくらい戻ってくる？　194
国民年金は10年もらえば元が取れる？　195
厚生年金として受け取るのは月給の4割　196
「ねんきん定期便」を見ればすべて分かる　198
会社が年金保険料をズルしてないかも分かる　199
年金は破綻しないように設計されている　201
20年後は「1・5人で一人の高齢者を支える」は本当か　203
年金制度は「支払う人数」ではなく「金額」の問題　205

国民年金の未納率が4割もあるってホント？ 207

第5章 老後の生活防衛・完全マニュアル 213
私的年金を活用しよう 214
私的年金でサラリーマンはこんなに得する！ 216
自営業者もこんなに節税できる！ 218
気をつけるべき金融商品 221
インフレに強い商品もおすすめ 225

終章 なぜ国民に真実が伝わらないのか 229
報道の99％が大規模金融緩和を否定していた 230
日本に間違った経済情報が出回る仕組み 231
財務省とマスコミによる洗脳は強力である 237
改めて「日本はもう成長できない」を問う 240
日本経済は本当に回復できるのか 242
経済成長すると格差が広がる？ 244

確かに進歩していること 247
もしも大規模金融緩和がなかったら…… 248
「消費増税やむなし」を問う 250
一人ひとりができること 252

編集協力　編集集団ＷａｗＷ！Ｐｕｂｌｉｓｈｉｎｇ
図版・ＤＴＰ　美創

第1章 日本経済は本当に成長できないのか

始まりは、バブル崩壊

高校生　さっそくですが、日本がもう成長できないっていう話は、本当でしょうか？

先生　確かに今、「日本経済は成長できない」っていう考えが浸透しているね。それはなんでだろうか？　今日は一つひとつ、順を追って考えていきましょう！

高校生　はい！　よろしくお願いします。

先生　その原因としてはまず、日本経済が1990年から20年以上にわたり低迷した「失われた20年」が生じたことが挙げられるよ。では、なぜこの「失われた20年」が生じたのか？　それには2つの理由がある。一つは「バブルが崩壊したこと」であり、もう一つは、「そのバブル崩壊後、日本銀行（日銀）が舵取りを間違い続けたこと」だと言える。いずれにせよ、「バブル崩壊」からすべてが始まったと言えるんだよ。

高校生　バブルが崩壊したことが元凶であると……。先生、バブルってそもそも何ですか？

バブルとは何か

先生　改めてバブルを説明すると、1986年から1990年までの日本に好景気が続いた状況のことをいうんだ。この時期、株価は1万5000円くらいから上昇の一途を辿り、198

9年12月29日の大納会の日に3万8957円を記録したんだよ。

高校生　株価が3年で2万3000円以上もアップ？　どうしてそうなったんですか？

先生　きっかけは、プラザ合意後の日銀の対応にあると言われている。プラザ合意とは、1985年9月22日にニューヨークのプラザホテルで行われたG5、つまり先進5カ国蔵相・中央銀行総裁会議のことだ。この会議において、ドル高を是正することが合意された。

結果、それまで1ドル＝235円前後だったものが、プラザ合意の1年後には1ドル＝150円前後という円高が生じ、不況を招いたんだ。そしてこの円高不況の対策として、日銀の金融緩和が行われると、今度はそれが原因で日本経済が泡のように膨らんでしまったんだ。

……というのが、よくテレビなどで解説される「通説」。これは間違いだけど後できちんと解説するから、まずはこの通説を覚えておいてもらえればと思う。

高校生　分かりました。その原因の真相はおいておくとして、ともかく、経済が泡のように膨らんだからバブルと呼ばれたんですね。

先生　その通り。それで、今度は膨らんだバブルを収束させるために、金融引き締め対策がとられ、1990年の年末までに、株価は2万3000円までに下がった。ここからが、バブル崩壊劇の始まりだ。それまで高騰していた株価と不動産価格が急に下がったため、高値でつかんだ人々は負の遺産を背負うことになり、やがてそれが不良債権となり、経済の落ち込みを加速させていった。つまり、バブルとは、日銀の金融緩和のせいで生まれ、金融引き締めのおかげで収束したと。ここまでは「バブル」に対するあくまでも一般的な見解だ。

高校生　一般的な見解ってことは、事実は違うんですか？

先生　例えばだけど、バブル時代って、物はなんでも高かったイメージがない？

高校生　はい。バブリーって言葉の印象だと、高い物がお店に並んでて、みんながそれをジャンジャン買っているイメージでした。

先生　うん、それがバブルのイメージだよね。でもね、私は常日頃から「イメージだけで語ると本質が見えなくなる」という真実を大事にしていてね。

　ここからは、具体的なデータとともに、バブルの本質を解明していこう。

高校生　よろしくお願いします！

先生　第一に、「バブル期は何でも価格が上がっていた」というイメージ、これは正しくない。実際に価格が上がっていたのは株式や土地など一部の「資産価格」だけで、その他の一般的な商品やサービスの物価、つまり一般物価は、実はバブル前とあまり変わらず、健全な上昇の範囲内で推移していた。左の図1を見れば、それがよく分かるだろう。

　見ての通り、バブル期といわれる１９８７年から１９９０年まで、一般物価はさほど上がっていない（高いインフレは生じていない）。上昇率は０・１〜３・１％にとどまり、あくまで

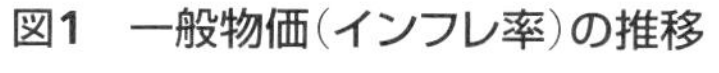
図1　一般物価(インフレ率)の推移

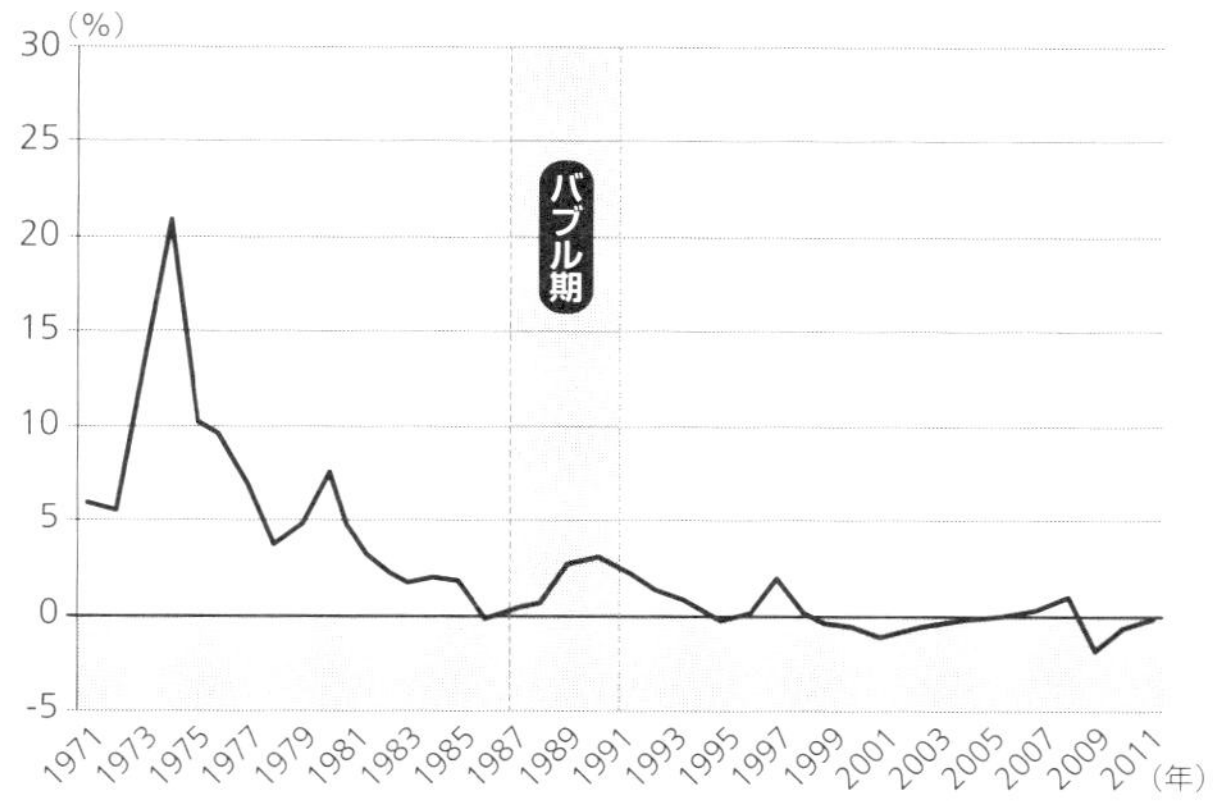

出所：総務省「消費者物価統計」

も健全な範囲内だ。石油ショックを契機とする1974年の「狂乱物価」の際の物価上昇率は、年平均23・2%。これに比べればきわめてマトモと言える。つまり、一般市民の生活を支える一般物価に指標を置いてみると、バブルとは名ばかりだったって言えるんじゃないかな。

高校生　意外ですね。てっきりみんなお金持ちだったものかと……。

先生　ハハハ、それこそ間違ったイメージだね。あとね、「バブル期は経済成長率もすごく高かった」という認識も、また誤りだ。

バブル期の実質経済成長率は4・1〜7・1%であり、毎年のように10%を超えていた1960年代の高度成長期とは比べ物にならない。

多くの人は、バブル期は、景気が異常によかったというイメージを持っていると思うけど、マクロ経済指標から見れば、そこそこ程度の経済状況だったんだ。

高校生　じゃあ、なんで「バブル」って呼ばれていたんですか？

先生　さっきは株式や土地だけ価格が上がっていたと言ったけど、その「株式」と「地価」の高騰（こうとう）ぶりがあまりにすごかったからだよ。

先に株価の話をしたけど、地価に関しては、株価よりも若干遅れて1991年頃にピークを迎えることになった。都心では「地上げ」や「土地ころがし」が横行。狭小な土地を一定規模の大きさにまとめては、転売を繰り返し、異常なほど値を上げた。その土地を担保に、金融機関はじゃぶじゃぶと融資をし、その資金が不動産市場に流れ込むという、すさまじいスパイラルで、さらに地価が上がっていったんだ。

株価と地価に関しては、バブル期は異常だったと言える。

高校生　株式と土地の値段の上昇がそんなにすごかったんですね。でも、普通に生活してる分には、あまり関係なさそうですけど……。

先生　その通り！　一般市民の生活に直結するのは、一般商品やサービス全体の価格（一般物価）、経済成長率、失業率であって、株価や地価の上昇はそれほど影響を与えなかったはずだ。だが、バブルが収束していく過程で、一般市民の生活に大きな影響が出始めたんだ。

高校生　バブルが収束していく過程って、どんな感じだったんですか？

先生　1990年に入ると、株価は下がり始め、年末には2万3000円程度まで一気に下落。1992年初頭には2万円を割り込んだのだから、2年程度で株価は半値になってしまったことになる。続いて地価が下がると、実体経済そのものが悪化していき、金融機関が体力を失って一般物価を押し下げ、巡り巡って失業率も上がった。

つまり、バブルが崩壊して地価と株価が急落したことで、以前と変わりなかったはずの一般市民の生活レベルも下げてしまった、ひいては景気を大きく悪化させたということだ。

ただ、これはあくまで表面的な説明で、本当の話はまた後で説明するとしよう。

高校生　じゃあ、すごい贅沢(ぜいたく)してたわけじゃないのに、生活が苦しくなったってことですか？　なんか、ひどいな……。

「景気」とは何か

高校生　ところで、よく「景気がいい」って言いますけど、景気のよさって、どうやって判断してるんですか？

先生　一言でいえば、GDPが1年間でどれだけ増減したか、だよ。

高校生　GDP……ですか？

先生　「GDP」とはGross Domestic Productの略語であり、日本語で「国内総生産」、つまり「1年間に生み出された日本全体の利益の合計」。正確には「付加価値」≒「粗利」の合計だ。利益というものは、言い換えれば誰かの収入につながるので、「国民全体の収入の合計」と考えることもできるね。

高校生　じゃあ、国民全体の収入が増えたら景気がいい、と。

先生　そう、「景気がいい、悪い」という話は、「1年間に国民全体の収入がどれだけ増えたか、減ったか」の話なんだ。国全体の利益が増えている時に「景気がいい」、利益が減っている時に「景気が悪い」、まあ当然だよね。

ちなみに、GDPには「名目GDP」と「実質GDP」の2つがあり、「名目GDP」とは単純に「物価の額面を合計した国内総生産」、「実質GDP」とは、名目GDPから、値上げや値下げといった物価の変動分を除去して計算した「実体的な国内総生産」のことだよ。

バブルが生まれた本当の理由

先生　話を戻すと、80年代後半の日本でバブルが生じた理由について、さっき「通説」で、日銀が金融緩和を行ったことが原因だって言ったよね。この「金融緩和」は何のことか分かるかな？

高校生　なんとなく分かります。世の中のお金の量を増やすってことですよね。

先生　そう、日銀が必要以上の金融緩和をしたからバブルが起きたって言われてるけど、実はその説には疑問が残るんだ。

単に金融緩和を行ったからバブルが起きたというのなら、これまで金融緩和を行ったすべての局面でバブルが起きないとおかしいよね。でも、過去を振り返ってみると、むしろ金融緩和を行ってもバブルが生じないケースのほうが圧倒的に多いんだ。

高校生　えっと、じゃあ、別の理由があってバブルになったってことですか？

先生　正確には、金融緩和と別の理由、その相乗効果でバブルが生じたと考えるのが妥当だ。

高校生　バブルが起きたもう一つの理由……それは何ですか？

先生　実はね、80年代後半の日本経済には、ある特徴があったんだよ。

それは「証券・土地規制の法的な抜け穴が、ぽっかり空いていた」ということだ。

高校生　法的な、抜け穴？

先生　規制が行き届いてなくて、ほぼ違法ともいえる〝財テク行為〟が可能になっていたんだ。

私はバブル期、大蔵省の役人で、証券局で証券会社の指導監督をする部署に在籍していた。だから、当時の証券会社の営業の実態についてよーく知っていてね。「証券・土地規制の法的な抜け穴」についても、目の当たりにしてきたんだ。

具体的に言うと、「営業特金」と「ファントラ」の2つを利用できたことだ。

高校生　営業特金とファントラ……。

先生　まず前者の「特金」から解説していこう。

「特金」とは「特定金銭信託」の略で、企業が持っていた株などの有価証券を、この特金に移管すると、その後、いくらその株を売買しても、帳簿上の価格を変えずに運用することができるんだ。

高校生　帳簿上の価格を変えないと、何かいいことがあるんですか？

先生　例えば、株を買った時の価格より、現在の市場価格である「時価」が上回っている場合、単純に株を売ると利益が出るよね？　この利益を「含み益」と呼ぶんだけど、これを帳簿に記さずに済んだんだ。

取引での含み益を帳簿には記さなくていいとどうなるかというと、その分、課税逃れができることになる。なぜなら、税金というものは、帳簿上に書かれた数字に対してかけられるものだからね。

高校生　えー、税金をズルできたってことですか？

先生　ズルなのに、ズルとされなかったってことだね。しかも企業は、特金の取引の一切を証券会社に任せることができる「営業特金」も利用できた。

この営業特金で任された証券会社は、運用手段としてこぞって顧客である企業に「時価発行増資」、別名エクイティ・ファイナンスを勧めたんだ。

高校生　時価……発行……増資？

先生「時価発行増資」とは、会社の経営に必要な資金を調達する際に、市場価格である時価に近い価格設定で新株を発行して行う増資のことだよ。

会社としては、時価が高くなればなるほど、より少量の新株で、多くの資金を調達できるというメリットがあるんだ。理解できるかな？

高校生　なんか難しい言葉が次々出てきますね……。でも、時価が高くならないと得しないってことですよね？

先生　そう。そこでどうするかというと、証券会社は増資を持ちかけておいて、その一方で、営業特金のファンドを使ってその会社の株を買い上げる。そうすると、株価が上がって——すなわち時価が上がって、時価発行増資をする時に、莫大(ばくだい)な資本がタダ同然で入るようになっていた。

こうやって、企業は、時価発行増資で多額の資本を得て、さらに財テクで大きな利益を得ることができた。ちょっと専門的だけど、分かるかな（笑）。

高校生　うーん、なんとなくは……。でも、それらは違法行為にはならなかったんですか？

先生　これは「薄価分離」といって、税制の歪(ひず)みを悪用しているから、違法にはならなかったんだ。さらに証券会社は、事実上の損失補塡（ほてん）もしていた。それが当局にバレるとまずいから、「もし損が出ても大丈夫です」と口約束したり、名刺の裏に利回りをこっそり書いて、営業していたんだ。当時の法令に若干不備があったおかげで、こういう行為が野放し状態になっていた。

「営業特金」を活用すれば、大きな資本がタダ同然で手に入り、財テクはリスクゼロを約束されたようなものだったから、顧客にとってこれ以上魅力的な商品はない。

財テクをしたい企業がこぞって注文したのも当然だよね。営業特金が異常に高い株式回転率を示していたのは、こうしたカラクリがあったからだ。

高校生　はぁ……。とにかく今振り返ると、企業と証券会社はグルになってとんでもないことをしていたってことですね。もう一つの、ファントラでしたっけ？　それは何ですか？

先生　「ファントラ」も似たようなものだよ。こちらは資金運用を信託銀行に任せる金融商品で、実質的な中身は営業特金とほとんど同じといっていい。扱っているのが証券会社か信託銀行かの違いだけだね。バブル期にはこの2つの回転率が突出して高かったんだ。

高校生　バブルの頃は、ズルができたから儲（もう）けやすかったってことですね。

先生　言ってしまえばそうだね。それで一般の投資家も株や不動産に手を出し、さらに株価や地価が上がるというループが起こっていたんだ。一般的な商品やサービスの価格、つまり一般物価は、それほど上昇していないにもかかわらず、株価や不動産価格などの資産価格のみが、突出して上がっていった。これこそが、バブルの実態だったんだ。

高校生　そんなバブルが、どうやって止まったんですか？

先生　証券・土地規制の適正化をしたからだよ。

　実際、当時大蔵省証券局で官僚として働いていた私は、この行動に出た。大蔵省内で検討した結果、1989年12月26日、大蔵省証券局通達「証券会社の営業姿勢の適正化及び証券事故の未然防止について」を出し、証券会社が損失補塡する財テクを営業自粛に、事実上、禁止した。私はこの通達の起案者だったんだよ。

　一方、証券・土地規制を適正化すれば、その分の資金が土地に流れる恐れがあったので、こちらもすぐに規制する必要があった。そこで、1990年3月には大蔵省銀行局長通達「土地関連融資の抑制について」（いわゆる「総量規制」の通達）を出し、不動産向け融資の伸び率を、総貸出の伸び率以下に抑える措置をとったんだ。

　この処置は功を奏し、株価はただちに下降し、バブルは収束へと向かっていったんだよ。

なぜ、不況が始まったのか

高校生　でも、バブルが終わっただけじゃなく、どうして不況になっちゃったんですか？

先生　問題はそこだよ。証券・土地規制をして、株価と地価の急騰を抑える。本来、バブル対策にはここまでで十分なはずだった。

でも、大変残念なことに、「バブル退治」と称して、不必要な動きをした組織があったんだ。

高校生　え、不必要な動きをした組織？

先生　そう。それは日銀という組織だ。

高校生　日銀が、余計なことをしちゃったんですか？

先生　地価と株価の高騰に狼狽（ろうばい）した日銀は、1989年5月に公定歩合の引き上げを実施したんだ。

高校生　公定歩合って、聞いたことあるけど、えっと……。

先生　公定歩合とは、日銀が銀行など民間の金融機関に資金を貸し出す際の金利だよ。

日銀が決めるこの公定歩合によって、一般銀行が企業や個人に資金を貸し出す際の金利も変動する。その効果を通じて、公定歩合を上げ下げする政策は、当時の日銀が景気を調整する手段になっていたんだよ。

高校生　日銀が金利を操作して、銀行貸出の量を調整して景気に影響を与えるんですね。

先生　1989年12月に三重野康氏が日銀総裁になると、翌年8月までに3回も公定歩合を引き上げた。公定歩合は6％に達し、このあたりから三重野氏はバブル退治のエースと称（たた）えられ、

「平成の鬼平」と呼ばれるようになった。

しかし公定歩合の引き上げにより民間の銀行の金利も上がったことで、企業の資金借り入れが減り、投資も減っていったんだ。

当時、バブルは金融政策のために起こったと考えられていたというか、今でも日銀を含めてそう思っている人が多い。そして、実際は関係ないにもかかわらず、日銀は金融引き締めをしてしまった。その金融引き締めによって、本当に不況になったというのが正しい解答なんだ。つまり、平成時代の経済不況は、間違った金融政策が原因であるといっていいんだ。

高校生　なるほど～、みんな、「高い金利払うくらいなら、お金借りるのやめよう」って思っちゃったんだ……。

先生　そして、みんながお金を使わなくなっていった。

結果、1989年に最高値をつけた株価は翌年1月から急落の一途を辿った。それが、バブル崩壊とともに長い不況の始まりになったんだ。1989年10月、12月、翌1990年3月、8月の日銀による利上げは明らかに余計だったということだ。

日銀の的外れな金融政策が、健全だった一般物価と実体経済を叩き潰したと言っても過言ではないね。以降、日本は深刻なデフレ不況に陥り、「失われた20年」を経験することになったんだ。

金融政策とは何か

高校生　ところで金融政策って、具体的に何をすることなんですか？

先生　金融政策とは、中央銀行だけが行えるもので、景気の上げ下げを調整するための政策だよ。

そして、金融政策によって動くのが、一般物価。バブルの時に大きく動いたのは、一般物価ではなく、株式と土地の値段だったよね。それは、バブルが金融緩和の結果ではないと示唆しているわけだけど、日銀はバブルを金融緩和のためだと思い込んだ。その当時のマスコミもみんな間違えた。そして、マスコミは今でも間違っているから、マスコミの記事を読むと、バブルの原因を間違えて理解することになるから注意が必要だよ。

高校生　中央銀行だけが行えるってことは、じゃあ日本でいうと日銀だけの権利なんですね。

先生　そう、日銀は日本の中央銀行、ひいては「銀行の銀行」と呼ばれる通り、一般的な銀行であるみずほ銀行や三菱ＵＦＪ銀行などの「市中銀行」の資金の出所・大元締めに当たるんだ。

日銀が供給した資金が、市中銀行に回り、その資金がさらに企業や一般家庭に流れていく。すなわち、日銀が供給する資金が多くなればなるほど、世の中にお金が回り、消費や投資が増え、日本全体の利益が増えるんだ。

高校生　へぇー、ホントにお金の元栓みたいな存在なんですね。

図2　金融緩和と金融引き締めの概念図

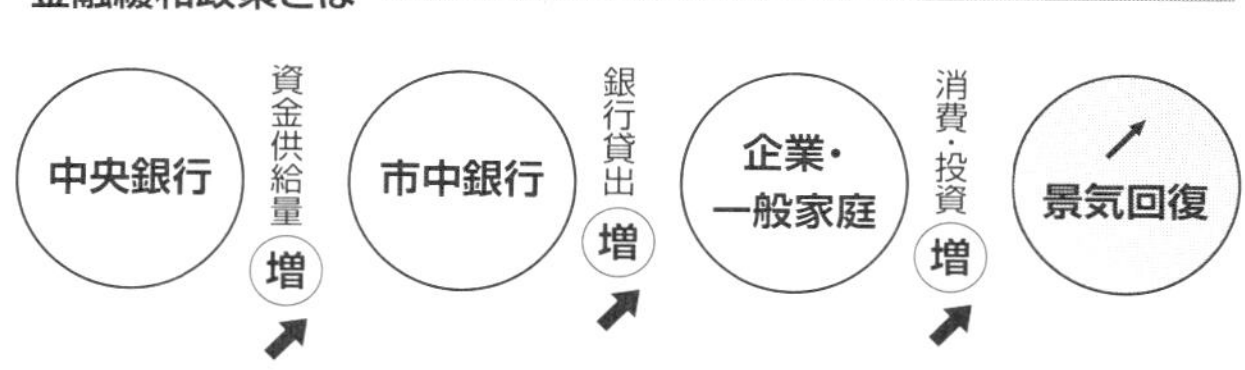

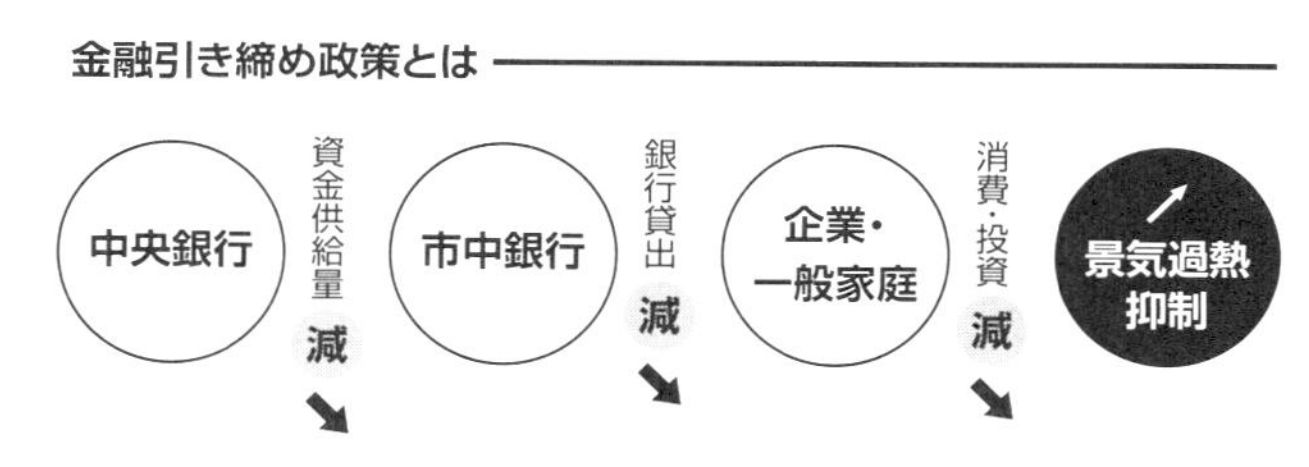

先生　日本全体の利益が増えるということは、GDPが増えるということ、つまり景気がよくなるということだから、日銀が国の景気をコントロールできると言っても過言ではないんだよ。

　日銀が市中銀行への供給量を多くすることを「金融緩和」といい、逆に、供給量を絞ることを「金融引き締め」という。この「金融緩和政策」と「金融引き締め政策」の2つをあわせて「金融政策」と呼んでいるんだ。

　まとめると、その動きは上の図2のようなことになるよ。

過ちを重ね続けた日銀

先生　日銀は、バブル期の株価と地価の急騰に狼狽し、金融引き締め政策を行い、それが結果的に実体経済を傷つけ、失業者を増加させ、景気を悪化させたんだ。

高校生　焦ってお金の元栓を閉めすぎたから、不況になっちゃったってことですね。

先生　ただ、日銀が責められるべき点はこれだけじゃないんだよ。

高校生　えっ、まだあるんですか？

先生　最大の過ちは、バブル崩壊後もなお、金融引き締め政策を続けたことだ。

　株価が下落し始めた1989年12月末から、約1年半も金融引き締め政策を継続したんだ。株価と地価が大幅に下落し、市民の生活にも大きなマイナスをもたらしているところに、さらに負の要素を与え続けたのだから、経済全体が致命的な打撃を受けないわけがないよね。

　日銀が惨状に気づき、ようやく金融緩和政策に転じたのは、1991年7月のことだった。株価が下がり始めた時に、日銀が適切な金融政策に切り替えていれば、実体経済の方は最小限の損失で済み、その後、成長へと転じることもできたはずだ。

高校生　うーん、でも、それはそれで、やってみないと分からないような……。

先生　もちろん、私はイメージだけでは話さないよ。2000年にアメリカで起きた「ITバブルの崩壊」も、すでに実証しているからそう言えるんだ。

高校生　アメリカでもバブルがはじけた時があったんですか？

バブル崩壊を乗り越えたアメリカ

先生　アメリカでＩＴバブルがはじけた当時、アメリカの中央銀行「ＦＲＢ」のアラン・グリーンスパン議長が「バブルは、崩壊して初めてバブルと分かる」と言った。

実際、バブルの渦中にあっては、誰もそれがバブルであると気づけないものだからね。

そして実感がないから、対策のしようがない。でもだからこそ、バブル崩壊後に、どれだけ早く、しかも大規模に手を打てるかが重要なんだ。

高校生　アメリカは日本よりも、手を打つのが早かったんですね。

先生　次ページの図３と図４を見てもらうと、それがよく分かるよ。

これは１９９０年のバブル崩壊前後の日本（図３）と、２０００年のＩＴバブル崩壊前後のアメリカ（図４）の政策金利と株価の動きを表したものだ。

日本は公定歩合を下げ始めるまで——つまり、金融緩和を始めるまでに時間がかかっているし、金融緩和の規模を示す公定歩合の下げ幅も小幅で、しかも時間をかけて段階的にしか下げなかった。

一方、アメリカの場合、株価が下落し始めるとほぼ同時に金融緩和に転じ、日本の公定歩合に相当する「ＦＦレート」の金利を、一気に大規模に引き下げた。

高校生　……アメリカは手を打つのが早く、大規模な対策を打ったから、復活するのも早かっ

図3　日本の公定歩合(政策金利)と日経平均株価の推移

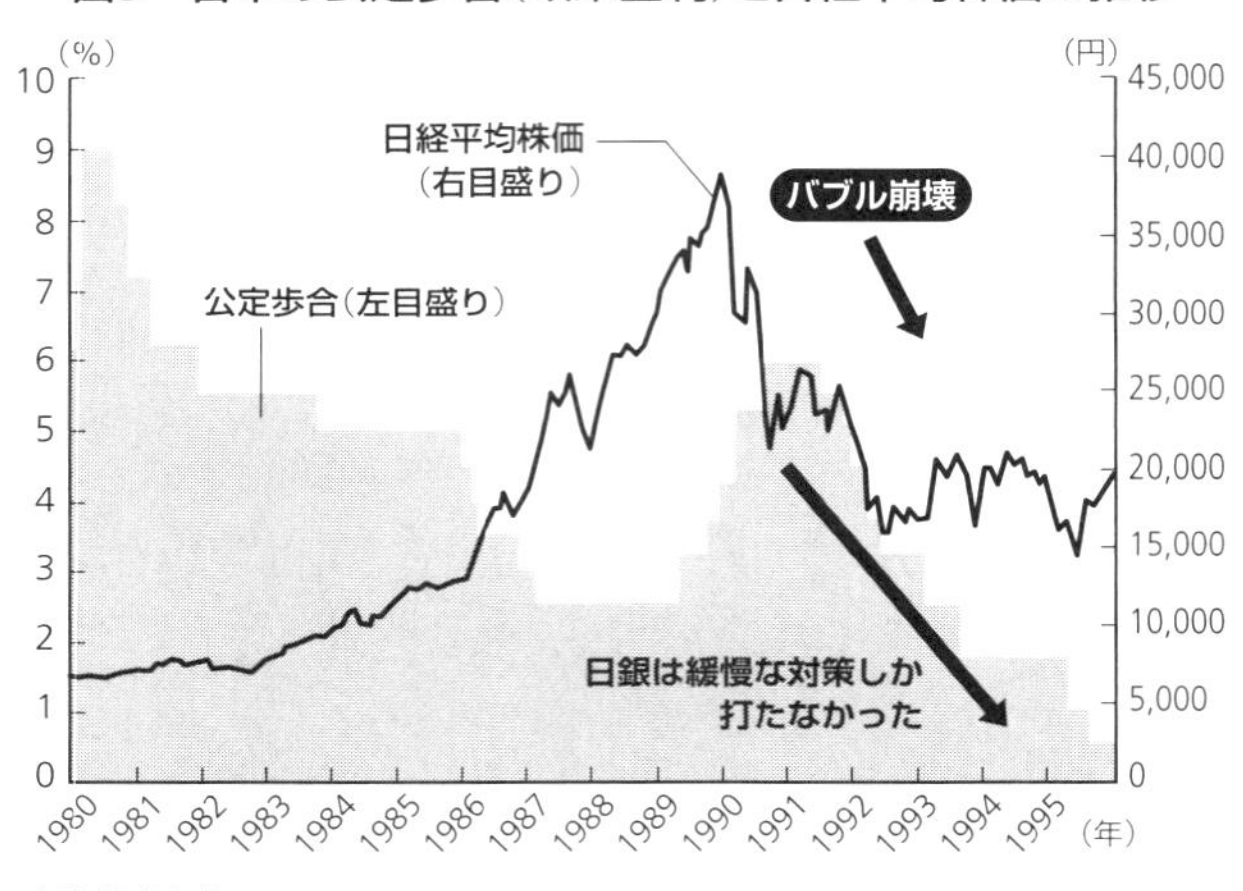

出所:筆者作成

図4　アメリカのFFレート(政策金利)とNYダウの推移

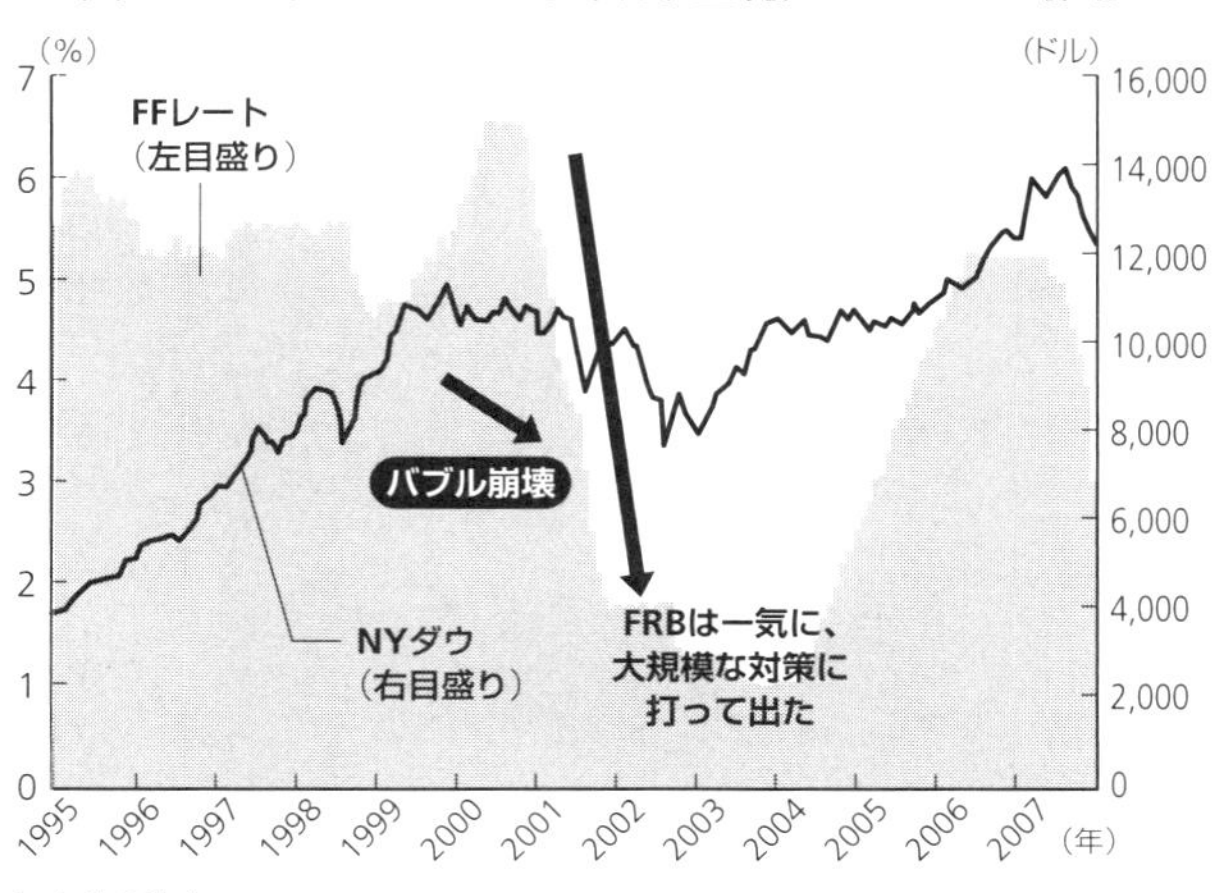

出所:筆者作成

たんですね。

先生 バブル崩壊後の日米株価の推移を見ると、その差は明らかだよ。善後策にもたついた日本はその後低迷し、素早く大規模に対応したアメリカは好景気に転じることができたんだ。

つまり、バブルが崩壊したとしても、その国の中央銀行が適切な対応さえすれば、実体経済への影響は最小限に食い止めることができるってことだよ。

高校生 でも、アメリカがたまたま、うまくいっただけってことはないんですか？

先生 確かに、そういう見方もできるよね。

そこで、「その国の中央銀行が適切な対応さえすれば、実体経済への影響を最小限に食い止めることができる」という実例を、もう一つ紹介しよう。

高校生 もう一つの実例……？ それは、どこの国ですか？

先生 今度は一つの国じゃないよ。世界中がほぼ同時にバブルに見舞われ、そしてほぼ同時にその崩壊を迎えるというケースがあったんだ。

高校生 え、そんなことが？

先生 いわゆる、リーマン・ショックだ。

リーマン・ショックはなぜ生まれた?

高校生　リーマン・ショックって世界同時のバブル崩壊劇だったんですね……。何でそんな恐ろしいことが起こったんですか?

先生　始まりは、2003年頃のアメリカだ。結局アメリカ? って思うかもしれないけど、今回は世界的不況の震源地と思ってもらっていい。

　この頃のアメリカは、住宅価格が上昇傾向にあって、なかなか家を買うハードルが高かった。それで金融機関は、信用力の低い低所得者向け住宅ローン「サブプライムローン」を積極的に扱ったんだ。ここでも金融機関が曲者(くせもの)だったんだよ。

高校生　ってことは、そのローンに何かバブルの鍵があるとか……?

先生　そう。当時、金融緩和が行われていたことに加え、このサブプライムローンの存在が相乗効果となり、バブルが生じたんだ。その頃、サブプライムローンが組み込まれた、複雑な金融派生商品がいろいろと生み出された。そして、それがサブプライムローンのリスクをカモフラージュすることになった。結果、サブプライムローンが、日本でバブルを生み出した営業特金やファントラのように、証券市場にとっての濡れ手で粟(あわ)の存在になってしまったんだよ。

高校生　日本の時と同じで、金融機関の儲け話でバブルになったんですね。

先生　そういうことだね。当然アメリカの景気は上がっていたんだけど、2006年頃から住宅価格の下落が始まると、翌年にはサブプライムローンが不良債権になってしまったんだ。
そして、サブプライムローンの金融派生商品を多く抱えていた大手投資銀行は、軒並み経営不振に陥った。
2008年になると、大手証券会社ベア・スターンズがJPモルガン・チェース・アンド・カンパニーに、メリルリンチ・アンド・カンパニーがバンク・オブ・アメリカに、それぞれ買収されることが決定。連邦住宅抵当公社ファニーメイと連邦住宅貸付抵当公社フレディマックは公的資金によって救済された。
ところが、世界30カ国に約2万9000人の従業員を抱える米名門証券会社リーマン・ブラザーズには買い手がつかず、同年9月、連邦破産法11条の適用を申請し、経営破綻を迎える。典型的な不動産価格バブルの崩壊であり、これが「リーマン・ショック」だ。

高校生　でも、アメリカで起きた不況が、どうしてほかの国にまで影響したんですか？

先生　アメリカが世界最大の輸入国で、さまざまな国の経済と大きくつながっているから、世界中に飛び火したんだよ。

高校生　そっかぁ……もともとアメリカが経済の中心だったからなんですね。

先生　このリーマン・ショックのおかげで当然、イギリスや日本も大きな景気後退の危機に見舞われることになったんだ。

しかしながら、この時もアメリカの中央銀行であるFRBの対応は早かった。イギリスの中央銀行であるイングランド銀行も、すぐに経済危機への対応に動いたんだよ。でも、日銀はほとんど唯一と言っていいほど対応が後手に回ってしまった。

高校生　えっ……またですか!?

今、最も多く行われている金融政策

先生　リーマン・ショックの際、アメリカもイギリスも、素早く大規模な金融緩和政策を行った。それぞれの中央銀行が、まず一般の市中銀行の持つ資金量が増えるようコントロールしたんだ。

高校生　コントロールって、具体的にどうするんですか？

先生　中央銀行が、一般の市中銀行の持つ資金量をコントロールするための金融政策として、具体的には、そうだね……高校で使われている政治経済の教科書を見れば、おそらく次の3つが挙げられているだろう。

①預金準備率の引き上げ・引き下げ
②公定歩合の引き上げ・引き下げ

③公開市場操作（債権・手形市場での中央銀行の売買）

まず、①の預金準備率の引き上げ・引き下げについて解説していこう。民間の銀行は、預金の一定割合を中央銀行に預けなければいけない決まりになっている。その割合を「預金準備率」といい、中央銀行はこれを変動させることができる。

例えば、日銀が預金準備率を引き上げると、民間の銀行は、民間経済に回すお金の割合を減らして、その分日銀に回さなければならなくなる。つまり、民間のお金を減らすので、金融引き締めになる。逆に、預金準備率の引き下げは、民間に流れるお金の割合を増やすので金融緩和になる。民間に流れるお金が増えるということは、社会の中で使われるお金の量が増えることだから、経済活動が活発になり、景気は？

高校生　よくなりますね！

先生　ご名答。その逆もまたしかり。ただしこの金融政策は、現在ではほとんど用いられなくなっている。

②はすでに説明した通り、中央銀行が民間の金融機関に対して貸し出しを行う際に適用される基準金利「公定歩合」を上げ下げすることで、それに連動して動く民間の銀行の貸出金利を調整するというものだ。しかし、１９９６年の金融ビッグバンによって、民間の銀行同士でも

資金の貸し借りが可能になったため金利が自由化され、公定歩合と各種金利が連動しなくなった。そのため、金融政策としての地位は低下している。

高校生　①と②は今行われていない金融政策。ということは……。

先生　そこで主に行われるようになった政策が、③の公開市場操作だよ。

　これは、中央銀行が、社会に流通している国債などの売買を行うことで、世の中に流通するお金の量を調整するものだ。最初に働きかけるのは、銀行同士がお金の貸し借りをするコール市場の資金につく金利に対してだ。

高校生　銀行同士でお金の貸し借りをする……それを、コール市場って言うんですか？

先生　うん。例えば、三菱ＵＦＪ銀行やみずほ銀行のような一般の市中銀行は、短期的に資金の過不足が生まれるので、銀行同士でお互い資金の貸し借りを行って補塡しているんだ。

　このコール市場（銀行間取引市場）で貸し借りされている資金のことを「無担保コール翌日物」と呼び、翌日までに返済しなければいけないとされている。この時の金利を上げ下げして調整するのが、中央銀行の公開市場操作なんだ。

高校生　へえ、初めて知りました！　でも、銀行同士でやり取りする時の金利を、どうやったら調整できるんですか？

先生　例えば景気が悪化した際、中央銀行は、民間の銀行が持っている国債などを購入する

「買いオペレーション」、すなわち「買いオペ」を実施する。一方、その対価として民間の銀行の口座「当座預金口座」には、現金が振り込まれる。現金が日銀から民間の銀行に振り込まれたということは、民間の銀行にとってはストレートに資金に余裕が出るということなので、銀行にとってはコール市場からお金を借りる必要性が低くなる。

つまり、コール市場の需要が減ることになる。需要が減るということは、借り手が減るから……。

高校生　それでも借りてもらうには、お金を貸したい側は金利を下げるしかない？

先生　その通り！　資金を他の銀行に貸し出そうとしていた銀行は、誰かになんとか借りてもらおうと金利を下げる。するとコール市場の金利が下がったことで、民間の銀行にとっての資金の調達コストも下がる。結果、個人や企業に貸し出しを行う際の金利も連動して下がる。

つまり、企業や一般家庭にとっては、銀行からお金を借りやすい状態になり、消費や投資の増加につながるというわけだ。当然、ＧＤＰも増加するので、景気が回復傾向に向かう。

高校生　すごーい、日銀ってそんな手順を踏んで景気に影響を与えてるんですね！

先生　逆に景気が過熱気味の時は、中央銀行は、民間の銀行に対して手持ちの国債などを売りに出す「売りオペレーション」、すなわち「売りオペ」を実施する。民間の銀行は、国債を買う対価として日銀に現金を戻しているので、手持ち資金が少なくなる。結果、コール市場から資金を借りる必要性が増す。借り手の需要が増えたことから、金利が高くてもお金を借りたいという借り手が増える結果、コール市場の金利が上がり、コール市場の金利と連動して動く傾向のある、一般企業や一般家庭への銀行貸出の金利も上がる。

そうやって、銀行から資金を借り入れる企業や一般家庭が減り、消費や投資が減る。今度は景気の過熱が抑制されるというメカニズムなんだよ。

金利の話をしているから複雑に感じるかもしれないけど、ザックリ言えば、お金の量を増やすと金利が下がり、減らすと金利が上がるという簡単なことだよ。

ゼロ金利政策と量的緩和政策

先生 買いオペ・売りオペという中央銀行による公開市場操作のメカニズムを説明してきたけど、金融政策にはさらに「ゼロ金利政策」というものもあるんだ。

高校生 ゼロ金利政策……なんとなく聞いたことあるような……。

先生 新聞なんかにも、よく取り上げられるワードだからね。これは日銀が大量の買いオペを実施し、コール市場の金利（コールレート）がほぼゼロになるよう誘導するものなんだ。連動して、民間の銀行の貸し出し金利なども極めて低くなり、お金が出回りやすくなるので、景気回復を強く後押しできるというわけだ。

高校生　へー！　何の金利がゼロになるんだろうって思ってたんですけど、あれって銀行同士がお金を貸し借りする金利がゼロになることを目指すわけですね。分かりやすい！

先生　もう一つ、「量的緩和政策」という言葉も同様に新聞なんかでよく見かけるよね。これは、金利を調整するものではなく、中央銀行が民間の金融機関から預かっている当座預金の残高の「量」を調整するものなんだ。具体的には、中央銀行が金融機関から国債などを買い入れて、その銀行の預金残高を増やす、分かるかな？

高校生　相手の商品を買って、相手の預金を増やす……。それって、中央銀行だからこそ、できるワザですね。

先生　そうすることで、民間の金融機関の資金が多くなるので、市場に出回る資金の流通量が増え、景気回復につながるというわけだ。

あと、ゼロ金利政策の場合は、金利がほぼゼロにまで下がれば、それ以上打つ手がなくなるけど、理論上、量的緩和政策は目標残高に達するまで継続することができる。

つまり、ゼロ金利政策発動以降も続けられる、効果的な金融緩和政策と言えるんだよ。

高校生　確かに！　ゼロ金利政策って、それ以上は金利を下げられなくなるから、もうそれ以上打つ手がなくなりますもんね。だけど量的緩和政策だったら、コール市場の金利がゼロになっても関係なくて、概念上は無尽蔵に行うことのできる政策なんですね！

先生　このように、不況の際、中央銀行は根本的に、世の中に流れるお金の量を増やそうと動かなければいけない。世の中に出回るお金とは、市中銀行などの金融機関と、中央政府以外の企業や地方公共団体、そして一般家庭が保有するお金の総量のことであり、これを経済用語で「マネーストック」と呼んでいる。

マネーストックとマネタリーベース

高校生　マネーストック……。聞き慣れない言葉ですね。なんかマネーサプライって言葉は聞いたことがあるんですけど？

先生　よく知っているね。マネーストックとマネーサプライは同じ言葉だよ。これは2008年6月に、日銀がマネーサプライ（通貨供給量）からマネーストック（通貨残高）へとその発表呼称を変えただけだよ。

このマネーストックの量は、景気回復にとって決定的に重要なんだ。マネーストックの増加率が、2年後のその国の景気動向「経済成長率」（名目GDP成長率）の9割を決めているぐらいだからね。それが分かるのが左の図5だ。

高校生　マネーストック増加率と景気を表す名目GDP増加率の推移ですね……え、こんなに連動してるんですね？

図5　マネーストック増加率（2年前）と名目GDP増加率の推移

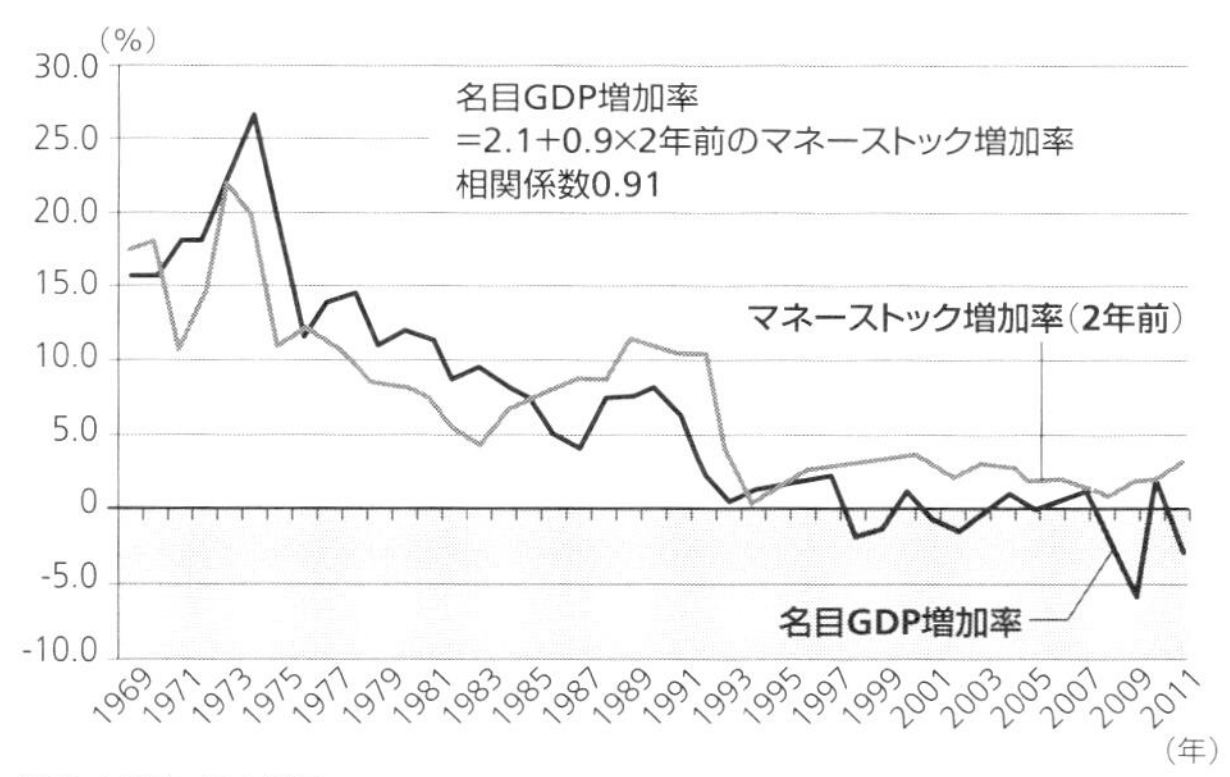

出所：内閣府、日本銀行

先生　まあ、ある種当たり前ではあるけどね。消費や投資などの経済活動を行うには元手となる資金が必要なわけで、市中に流通するお金の総量であるマネーストックが増えたということは、その先で消費や投資が活発になり、景気が回復基調になるのは当然だからね。その逆もまたしかりだよ。

高校生　ただ、さっき「マネーストックの増加率が2年後の景気動向の9割を決めている」っておっしゃってましたけど、その根拠は何なんですか？

先生　「9割」の根拠は、2年前のマネーストック増加率と名目GDP増加率の2つの数字から導き出される相関係数にあるんだ。相関係数というのは、2つのデータがどれだけ関連性があるのかを示す係数で、－（マイナス）1から＋（プラス）1までの間で表し、＋1に近ければ近いほどより関連性が強いんだよ。

図5を見ると、相関係数0・91とあるよね？

これはかなり強い関連性があるということになる。実際は、相関係数が0・9だから9割説明できるというわけではないけど、まあ感覚的にはそんな感じだと思ってもらえればいいよ。

高校生　なるほど、よく分かりました！

先生　また、日銀が金融政策によって供給するお金のことを「マネタリーベース」と呼び、その名の通り、世の中に出回るお金（マネー）の基（ベース）になっているものだよ。マネーストックの量は、このマネタリーベースの量に信用乗数をかけたものだ。

マネーストック＝マネタリーベース×信用乗数

高校生　信用乗数……って初耳ですけど、何のことですか？

先生　信用乗数とは、マネタリーベース1単位の増加に対して、マネーストックを何倍に増やすかを示す数字のこと。いわば、その時の経済状況における金融緩和の効き具合を示す数値だよ。

例えば、金融緩和によってマネタリーベースを1増やした後にマネーストックが6増えた場合、信用乗数は6。マネタリーベースを1増やした後にマネーストックが12増えた場合の信用乗数は12ということになる。後者のほうがより金融緩和の効果、つまりマネーストックを増やす効果が高いことになる。

いずれにしてもマネーストックを増やして景気を回復させるためには、いち早く日銀がお金を世の中に流通させること――すなわちマネタリーベースの供給量を増やすことが大切だ。その逆もまたしかりだよ。

高校生　でも、日銀が判断ミスして、お金を回さなかったから不況になっちゃったんですよね？　そういう時は、誰かがフォローしてくれないんですかね？

先生　中央銀行である日銀以外に、お金を世の中に供給できる主体は存在しないんだ。だからこそ、経済の局面では日銀の判断が何よりも大事なんだよ。

お金が使われるとお金が増える

高校生　世の中にお金が足りなくなってきたら、日銀がお金を世の中に回すことが大事……うーん。

先生　何が引っかかっているのかな？

高校生　その都度日銀がたくさんお金を出してたら、それこそ国にお金がなくなっちゃいませんか？

先生　ははは、面白い視点だね。その心配はご無用だ。本来中央銀行っていうのは、概念上どこまでもお金を生み出すことができるからね。昔は輪転機という印刷機を回す必要があったけど、現在、市中銀行と日銀をつないでいる当座預金の取引は、電子的な扱いになっている。だから、印刷機を動かすまでもなく、市中銀行の当座預金に、概念上は無尽蔵に、しかも電子的に資金を増やせるんだ。

買いオペの際、日銀が市中銀行から国債を買い入れ、その対価としてお金を市中銀行の当座預金に振り込む時も、そういうシステムになっているんだよ。

高校生　なるほど、だからどこまでもお金を生み出せるんですね……。日銀ってすごい力を持った組織なんですね。でも、お金を好き放題増やしたとして、何か問題は起こらないんですか？

先生　君は本当にするどいね。もちろん、問題が起きる時もある。お金が増える分、物価が上昇するインフレが起こってしまうんだ。なぜ物価が上がるとインフレが起こるかは、また後で説明するとしよう。

ただ、そうはならないよう、どのぐらいのお金を供給したらどのぐらいのインフレが起こるか、今ではほぼ明確に解明されているんだよ。それは分からないものだと真顔で言う人もいる。その理由はまたあとで話すけど、私には具体的な数値がだいたい分かる。日銀は、その基準に沿って動いているので心配は無用なんだ。

高校生　そうなんですね！　あと、気になるのが、先ほど「日銀がマネタリーベースを供給すると、信用乗数をかけた量のマネーストックが増える」っておっしゃいましたけど、現実的には、どうやって世の中でお金が増えていくんですか？

先生　それは、最初は日銀が金融緩和を行い、マネタリーベースの供給量を増やしたことを起点に、例えばM銀行の資金量（当座預金残高）が増え、その資金を元手に、M銀行が、とあるA社に銀行貸出を行った後に、何が起こるかを考えれば分かるよ。

例えばそのA社が、M銀行からのその借金を元手に商売をして、10万円の利益を上げ、M銀行の自分の銀行口座に預金したとしよう。その後M銀行が、A社が預け入れた10万円のうちの例えば9万円を他のBさんの銀行口座に振り込む形で貸し出した。しかしその時、A社の口座にはまだちゃんと10万円が残っている。すなわち、当初10万円だったお金が、この取引によって19万円に増えたことになる。

その後、M銀行がBさんの預金9万円の中から、8万円をCさんに貸し出せば、総額27万円にまで増える。そういう具合に、どんどんお金が増え続けていくんだよ。ただこの時日銀が行ったことは、最初のマネタリーベースの供給量を増やしただけ。つまり理論的には、日銀がマネタリーベースを増やせば増やすだけ、社会全体のマネーストックは増えていくんだよ。

高校生　なるほど！　実際のお金以上に数字が増えるってことですね。

先生　この銀行内の取引によりお金の量が増えていくことを、経済用語では、「銀行の信用創造機能」と呼んでいるんだよ。

いずれにしても、不況の時ほど世間に流れるお金の量を増やすことが必要なんだけどね。そして、そのための政策が、まさに量的緩和政策なんだよ。

日銀のバランスシート

高校生　いやー、初めて金融政策の具体的仕組みが分かって、すごくスッキリしました！　ただその先で気になるのは、日銀がどのぐらいの規模の金融緩和を行っているか、私みたいな一般人でも分かる方法はないかについてなんですが……？

先生　それは、日銀の「バランスシート」を見れば分かるよ。

高校生　バランスシート……？

先生　バランスシートとは、その企業の財政状態を示した会計報告書で、日本語に直せば「貸借対照表」っていうんだ。どういう「表」かというと、右側には企業が持っている「負債」が書き込まれていて、左側には「資産」が書き込まれているんだよ。

例えば、現在の日銀のバランスシートをザックリ説明すると、右側の負債が「日銀券」、すなわちお札であり、左側の手持ち資産が「国債」ということになる（左の図6）。これは現在、

図6　日銀のバランスシート

資産	負債
国債	日銀券

日銀が量的緩和政策を行って、市場から国債を大量に買い入れ、日銀券を支払っている（つまり手放している）ため、資産の側に国債が書き込まれ、負債の側に日銀券が書き込まれるというわけだ。

高校生　じゃあ、日銀のバランスシートには、量的緩和をやればやるだけ、左側の資産である国債の額が増えていって、同時に右側の負債である日銀券の額も増えていくということですか？

先生　そう、やればやるだけバランスシートが大きくなる。つまり、日銀の量的緩和の規模を見るためには、日銀のバランスシートのサイズを見ればいいいんだ。

リーマン・ショック後についた差

先生　さて、話をリーマン・ショックに戻そう。先ほども話した通り、リーマン・ショック直後、アメリカとイギリスの中央銀行は、景気後退リスクに対処すべく迅速に大規模な量的緩和政策を行ったが、日銀はその影響を軽視した結果、対応が後手に回ってしまった。

高校生　そんなに日本の対応は遅かったんですか？

先生　実際には、対応にどのぐらいの差があったのか？　それがひと目で分かるのが左上の図7だよ。

アメリカとイギリスの中央銀行は、すぐにバランスシートを拡大し、量的緩和政策を行った。一方、日銀はバランスシートの拡大を行わなかったことが手に取るように分かる。実際、日本だけはほとんど量的緩和政策を行わなかったんだ。

高校生　ほんとだ！　日本だけ横ばいのままですね。

先生　この差が、どのような結果を招いたかというと、左下の図8を見れば顕著だ。これはリーマン・ショック前後での日英米の予想インフレ率の推移を示したものだよ。

予想インフレ率とは、社会全体が、その国が今後どのぐらいのインフレになると考えているかを数値化したものだ。図8では、予想インフレ率の数値を出すに当たって「BEI（ブレーク・イーブン・インフレ率）」を使用しているよ。

高校生　BEI……？

先生　BEIとは、普通国債と、物価に連動して価格が調整される国債「物価連動国債」の流通利回りの差のことを指すんだよ。これが経済の今後を予想するのに役に立つんだ。これは、

図7　各国中央銀行のバランスシート(BS)の推移
(2006年5月を1.0とした場合)

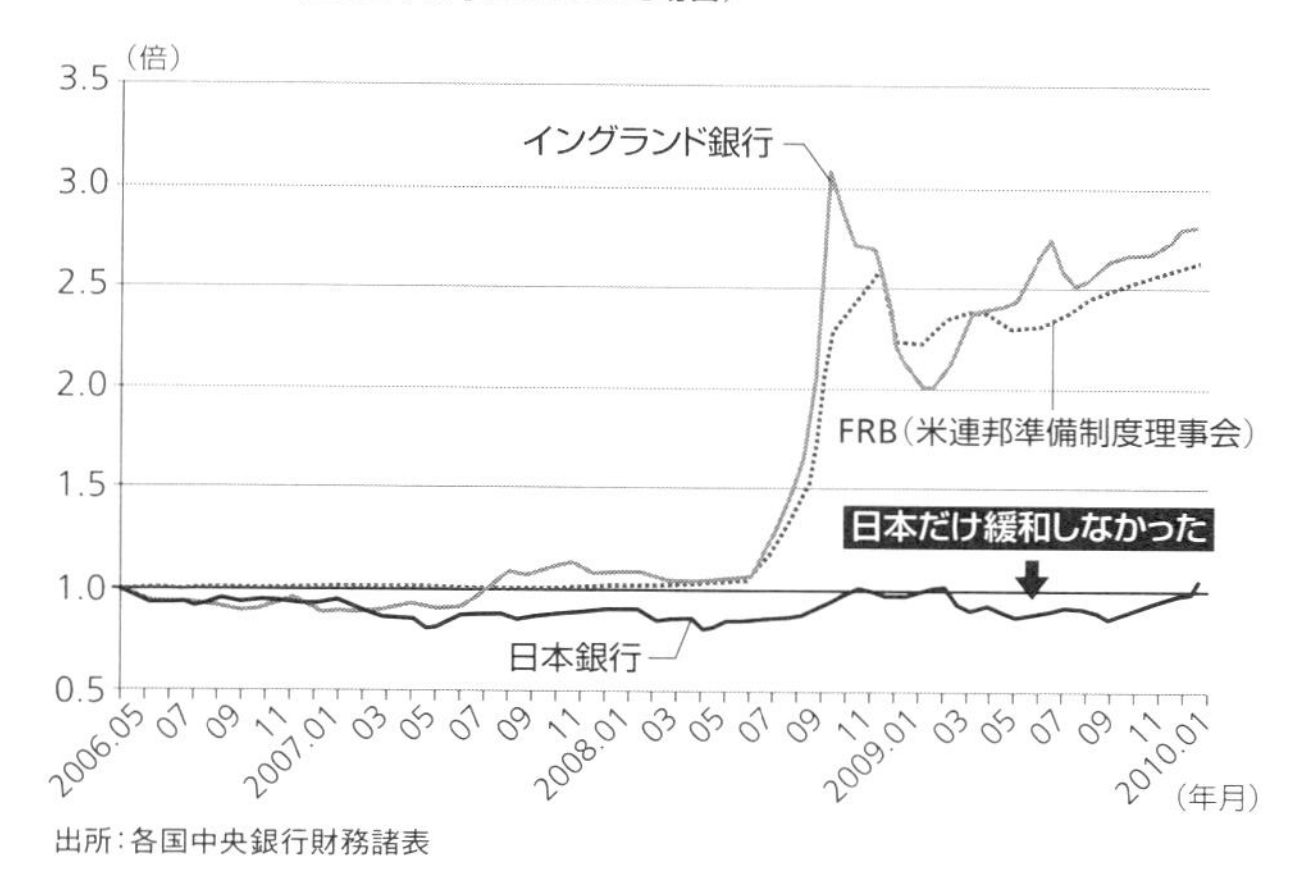

出所:各国中央銀行財務諸表

図8　各国予想インフレ率(BEI)の推移
(2008年9月を0とした場合)

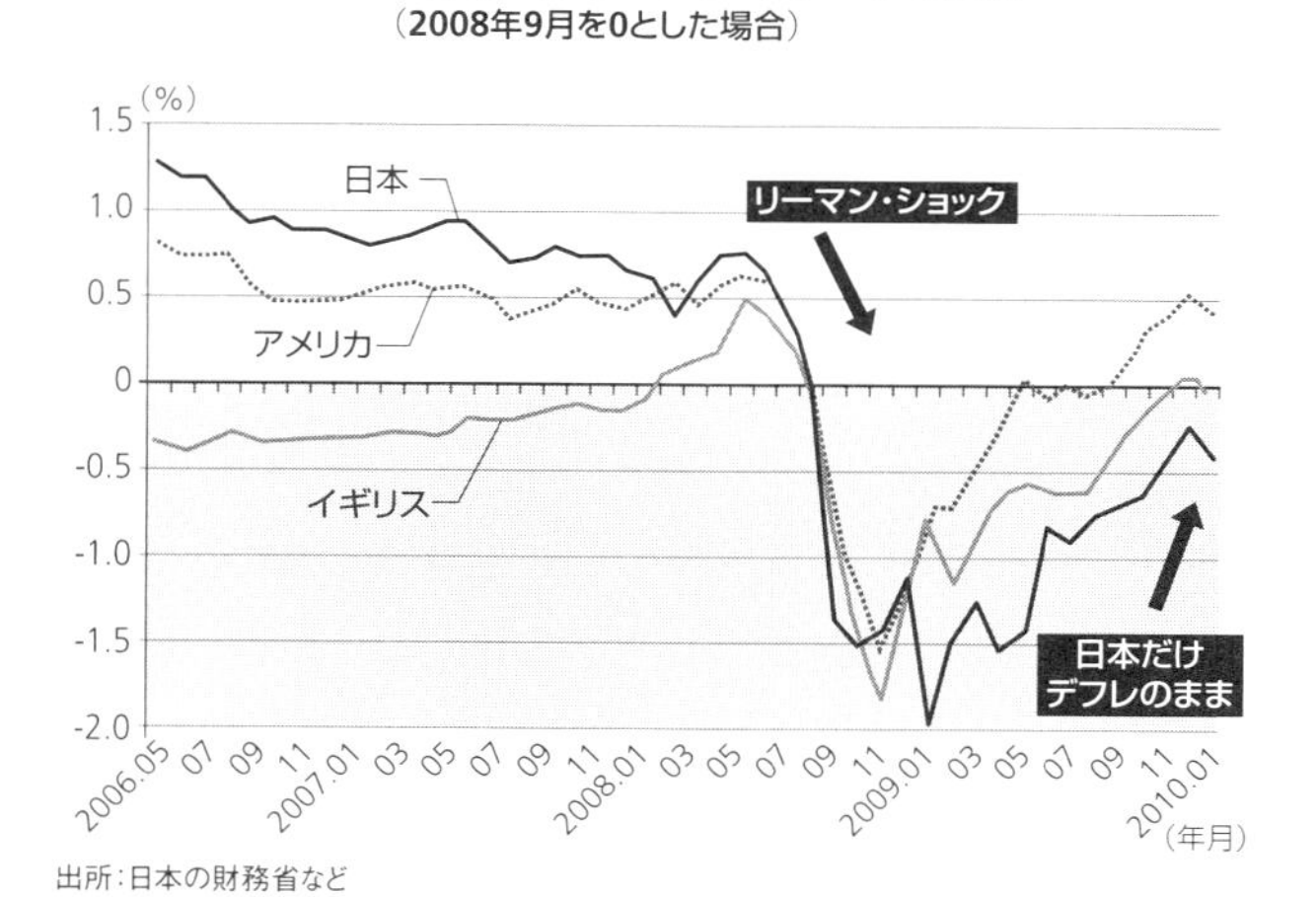

出所:日本の財務省など

私が小泉政権にいた時に、財務省に作成せよと言ったものなので思い出深いな。

高校生　どうして、それで、経済の今後を予想できるんですか？

先生　なぜかというと、理由は物価連動国債の特性にある。

２００４年に日本でも導入された物価連動国債は10年後に元本が償還されるものだが、その元本は物価の上昇率に応じて増える。つまり、投資家は、10年後の物価を予想しながら購入額を決めているんだ。

高校生　10年後の物価ですか？　そんな先の景気がいいかどうかなんて分からないですよね……。

先生　その通り。でも将来の景気をみんなが予想するからこそ、意味があるんだ。

すなわち、投資家の頭の中にある「今後の物価変動の予想」が織り込まれた、この物価連動国債の流通利回りを見れば、市場が今、物価の変動をどのように予想しているのかが分かる。

ゆえにＢＥＩが、予想インフレ率を示す数字として効力を発揮するんだ。

高校生　そっか……みんなが将来を予想して出すものだから、予想インフレ率なんですね。

先生　図8を見ると、リーマン・ショック前後から日英米すべてで、予想インフレ率が大きく低下してデフレ不況の危機に陥っているよね――つまり、予想インフレ率が0％以下にまで大きく下がっている。

ただ、この予想水準だけを見ても、すぐに大規模な量的緩和を行った英米と、対策を取らなかった日本では差がついているよね。日本だけがプラスの水準に戻ることができていないだろう？　実際にその後、英米ともにデフレ不況に陥らなかったのに対し、日本はデフレ不況のどん底へと沈められてしまったんだ。

高校生　本当ですね……。

インフレ・デフレとは何か

高校生　インフレの時、いろんなものが高くなるっていうのは、なんとなく分かったんですけど、インフレとデフレって、そもそもどういう特徴があるんですか？

先生　じゃあ、改めてここで解説しておこう。

インフレとはインフレーションの略で、その国全体の物価が上がっている状態をいい、デフレとはデフレーションの略で、その国全体の物価が下がっている状態をいう。

では、「物価」とは何かって？　それは、国内に出回る商品やサービスの価格のことだ。通常、商品やサービスは、その時々の理由で価格が上がったり下がったりするけど、インフレやデフレの状況下では、すべての物価が同じように変動するものなんだよ。

高校生　でも、それってどうやって分かるんですか？　全部のお店を見張ってるわけじゃないですよね。

先生　それは消費者物価指数「CPI」で分かるようになってるんだ。

高校生　消費者物価指数……？　CPI……？

先生　消費者物価指数、すなわちCPIは、国内の商品やサービスの中から、よく消費されている順に600品目ほどを選び、その平均金額が、ある基準年と比べて何%上がったか、あるいは下がったかを数字で表したもので、毎月総務省が発表しているんだよ。

CPIには、一般的なCPIである「総合CPI」と「コアCPI」「コアコアCPI」の3つが存在している。コアCPIは総合CPIから生鮮食品を除いたもので、コアコアCPIは総合CPIから食料（酒類を除く）とエネルギーを除いたものだよ。

なぜ、こんな区別が必要かというと、生鮮食品の価格は天候に左右されやすく、エネルギーの価格も世界各国の事情によって大きく動いてしまう。要するに、景気と関係なく変動するものを別の扱いにする必要があるからだ。

もしも総合CPIでのみ物価の動きを判断して、金融政策の舵取りをしてしまったら、本来の景気の動きを見誤り、間違った金融政策をしてしまう恐れがあるからね。

ゆえに、中央銀行が重視すべき物価指数は、総合CPI、コアCPIのほかコアコアCPIも、ということになる。

インフレとデフレ、どちらがいいか

高校生　物価が上がるインフレと物価が下がるデフレ。聞いた感じ、モノが安く買えるデフレのほうがよさそうな気がしますけど……。

先生　ふふ、逆だよ。ほどほどのインフレが望ましく、デフレはまったくダメ、といえるかな。物価が上昇するインフレの状態は、適度なラインまでなら景気の回復や雇用の増加につながる。一方、物価が下落するデフレという状況は、景気に対してマイナスの影響しかもたらさないんだ。

高校生　物価の上げ下げは、そのまま景気の上げ下げにつながるってことなんですね。

先生　そう考えれば難しくないよね。あと、インフレとデフレの善し悪しを、景気を手っ取り早く表す「失業率」の観点から見てみよう。

次ページの図9は縦軸が失業率、横軸がインフレ率となっており、1971年から2011年までのそれぞれの数値を点として配置したものだ。図の中に引かれている線（A線）は、散らばって見える各点を、平均的に一本の線上に集めると、だいたいこの辺を通るイメージになることを示すものだよ。

図9 インフレ率(横軸)と失業率(縦軸)の関係(1971~2011年)

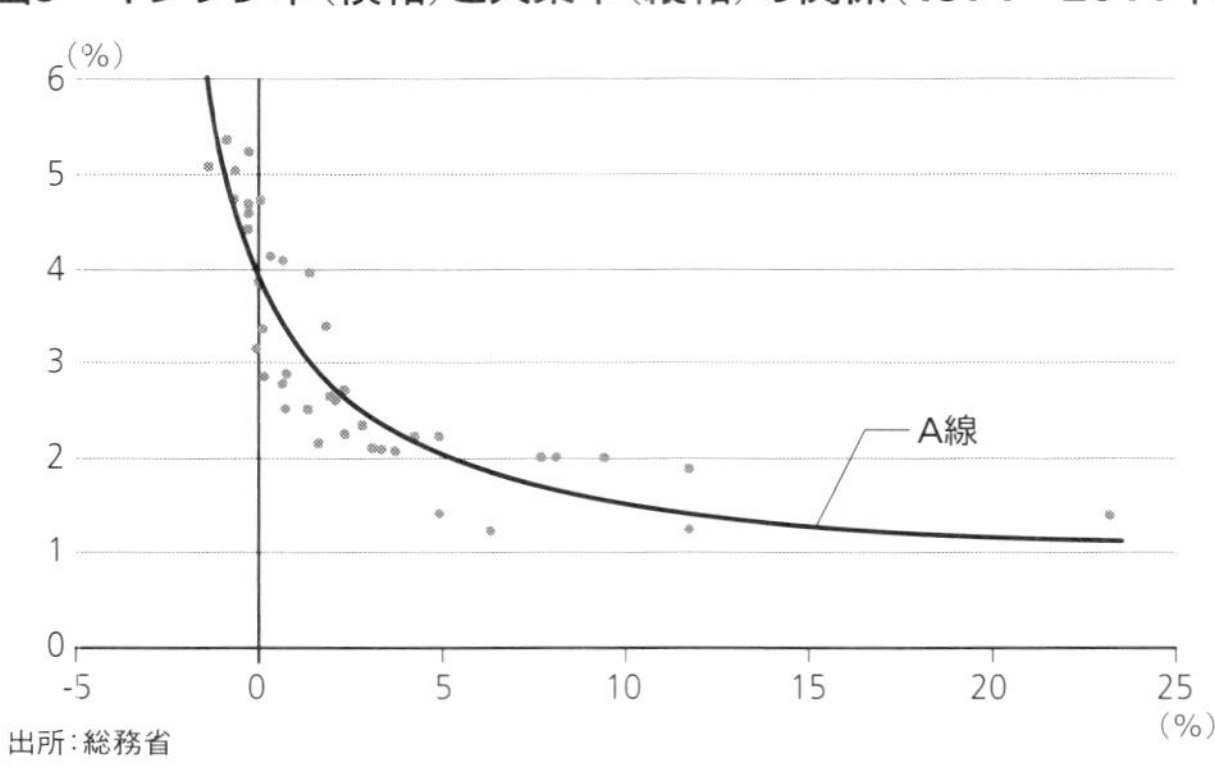

出所:総務省

ここから分かることは、インフレ率、すなわち物価が上がれば上がるほど、失業率は低下し、逆に物価が下がれば下がるほど、失業率が増加する。つまり、物価が上がってインフレになれば失業者は減り、物価が下がりデフレになれば失業者が増えるってことだ。

高校生 モノが高くなったら景気がよくなって失業している人の数が減るってことか。うーん、やっぱりピンとこないなぁ、モノが高いのに、仕事に就ける人が増えるなんて。

先生 モノが高くなったら景気がよくなるんじゃなくて、そもそも物価が上がる時は、景気が好転している時なんだ。逆に物価が下がる時は景気が悪化している時。こう考えると、すんなり腑(ふ)に落ちない?

高校生 なるほど、順序が逆なんですね! 物価が上がるから景気が上がる、じゃなくて、景気がよくなって、消費が増えるから物価が上がる。その結果、失業者の数が減る。だからインフレがいい！　うん、それなら分かります。

景気とインフレ・デフレの関係

先生　景気とインフレ・デフレのメカニズムについて、もう少し詳しく説明しよう。
まず、「景気がいい」とは、その国全体の消費と投資が増加している時で、「景気が悪い」というのは、その国全体の消費と投資が停滞している時。これはもう説明したよね。

高校生　はい！　景気がいい時は、みんながたくさんお金を使ってるってことですよね。

先生　そう、国全体でお金が使われれば使われるほど、マネーストック、すなわち世の中に出回るお金の総量が増えるということも、もう分かるよね。
これを前提に、例えばインフレが起こる経緯を説明すると、まず景気が好転し、その国全体でお金が活発に使われ始める。お金が使われるほど国のマネーストックが増えていき、消費と投資が伸びる。消費が伸びるとはつまり、商品に対する需要が増えるので、商品の価値、物価が上がり続け、インフレとなる。反対に、まずお金が増えると、お金を得ようとして、みんながいろいろな商売を考え出す。その結果、景気がよくなるという逆の側面もある。つまり、お金を増やすのと、景気がよくなるのは、原因でもあり結果でもある。
そのことが分かるのが47ページの図5と次ページの図10だよ。図5を見ると、すでに説明し

図10　マネーストック増加率（2年前）とインフレ率の推移

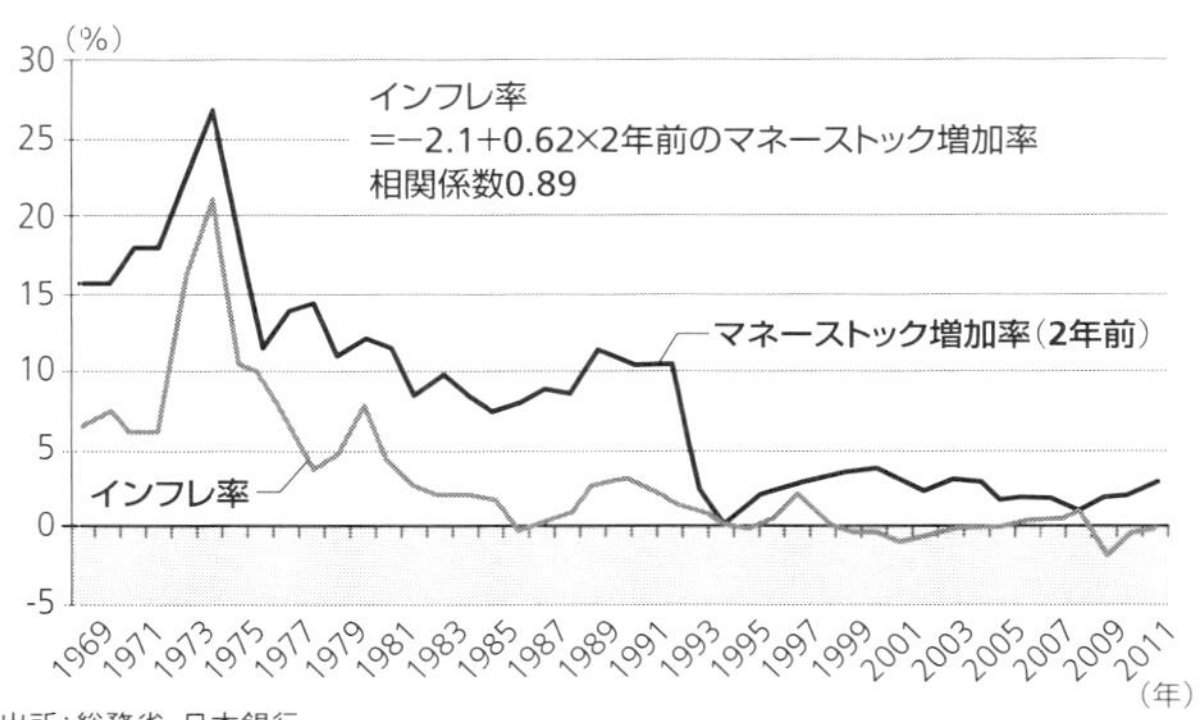

出所：総務省、日本銀行

た通り、マネーストックの増加率が増えた2年後に名目GDP増加率が上がったことが分かる。図10を見ると、マネーストックの増加率が増えた2年後に実際に物価（インフレ率）が上昇していて、インフレが起こっていることが分かる。

まとめると、次のようになるよ。

・世の中に流通するお金の量（マネーストック）が増える→景気が回復する（消費や投資が増えるから）→物価が上昇する（インフレが起こる）

・世の中に流通するお金の量（マネーストック）が減る→景気が悪化する（消費や投資が減るから）→物価が下落する（デフレが起こる）

強調しておきたいのは、景気が回復した結果、より綿密に言えば、景気が回復する過程で物価が上昇し始め、インフレが生じるということだ。あくまでも、インフレが生じるから景気が回復するのではなく、景気がいいから物価が上昇するというのが正しい順序なんだよ。

高校生　インフレ率が上がってる時は景気がいい時だから、求人が増えて失業者は減る……。うん、仕組みが分かると、当然のことだなって思えますね！

先生　ちなみに、失業率とインフレ率の関係を表した60ページの図9は、ロンドン・スクール・オブ・エコノミクスの経済学者アルバン・ウィリアム・フィリップスが発案したもので、彼の名から「フィリップス曲線」と名づけられているんだよ。

物価はどのように変動するのか

先生　さっき、景気とインフレのメカニズムの中で、「世の中に流通するお金の量が増えると、物価が上昇する」と説明したよね。

高校生　はい。景気がいいから、世の中にお金がたくさん出回って物価が上がる、ですよね。

先生　じゃあ、お金がたくさん出回ると物価が上がるのは、どうしてだと思う？

高校生　それは、買い物する人がたくさんいるから……。つまり、買い手が増えるから？

先生　ご名答。世の中にお金がたくさんあると、みんなにそのお金が行き渡るため、経済活動が活発になる。その結果、お金を持っている人が買い手になってくれるという関係だ。すなわち、景気がよくなり、先行きの見通しがいい時、多くの人はお金を使い、商品やサービスの売れ行きがよくなる。

するよ経営者は何を行うか？　答えは値上げ、だよね。値段を上げても売れ続けるからだ。これが社会全体で行われ、サービスや商品の値段が総じて上がるインフレという状態が生じるというわけだ。

逆に景気が悪いと、多くの人は節約しようとする。当然、商品やサービスの売れ行きが悪くなり、経営者は商品を売りたいがために、値下げする。

高校生　その結果、社会全体では物価が下がって、デフレになるってことですね。

先生　このメカニズムをザックリまとめると、物価というものは、「その国に存在するモノ・商品やサービスの総量」と「その時に流通しているお金の総量・マネーストック」との相対比で決まるということになる。

モノの総量に対して、流通するお金の総量が多くなっている時、モノの値段が上がるインフレが生じる。逆に、流通するお金の総量が少なくなっている時、モノの値段が下がるデフレが生じるということでもある。そのことを実証しているのが、62ページの図10なんだ。

インフレ・デフレと失業率の不思議な関係

先生 景気が回復すればするほど物価は上昇する仕組みについては、これで分かったよね。失業率と物価の関係もおさらいすると？

高校生 物価が上昇すればするほど失業率が下がり、物価が下落すればするほど失業率が上がる。

先生 その通り。「物価が上昇しているということは景気が回復している証であり、景気が回復すればするほど雇用される人は増えるので、失業率が下がる」ということだ。

ここまでの話をまとめると次のようなことになる。

・インフレは景気が回復する過程で消費や投資が増えた結果であるため、社会全体にとっては総じて「いいこと」である

・デフレは景気が悪化する過程で消費や投資が減少する結果であるため、社会全体にとっては「悪いこと」である

高校生 じゃあ、失業者をゼロにするには、ひたすら物価が上がり続ければいいんですね。

先生 ところが、そうはいかないんだ。

60ページの図9を見ると分かると思うけど、失業率が大体2％ちょっとまで下がると、それ以降はいくらインフレ率が上がっても、失業率は下がらなくなるんだよ。

景気が回復しても失業者が出るのはなぜか

高校生 どうして、失業率は途中で下がらなくなるんですか？

先生 それを説明するには、国の「潜在的な成長率」と「完全失業率」という概念を知ってもらう必要がある。

高校生 国の潜在的な成長率……？

先生 潜在的な成長率とは、その国が本来の力をいかんなく発揮した時に達成できる経済成長率の上限のことで、「潜在ＧＤＰ成長率」と呼ばれる。

高校生 「国が本来の力をいかんなく発揮した時」って、どういう時ですか？

先生 まあ一言でいうと、完全雇用が達成されている時だ。

働く能力と意欲を持つ人のすべてが「完全に」雇用されていて、国民がフル稼働している状態——この時に達成できる成長率が、国の潜在的な成長率、すなわち潜在ＧＤＰ成長率なんだ。

完全雇用が達成されている時にも、数パーセント残ってしまう失業率のことを、経済学では「完全失業率」と呼び、「構造的失業率」「自然失業率」という別名もある。

この数パーセントが意味するところは、景気の善し悪しにかかわらず、いつの時代にも、仕事のミスマッチなどの「構造的」な要因によって、「自然と」職に就いていない人が存在しているということだ。裏を返せば、いくら景気がよくなり、賃金などの雇用条件がよくなっても、働こうと思っても働けない人はごくわずかだが存在するのは仕方ないということだ。

高校生 そっか！ いろいろ事情があって働けないっていう人は、確かにいますよね。

先生 だから、いくら景気がよくても失業率ゼロにはなりえないんだよ。

ただし、だからといってインフレが悪いなんてわけでは決してなくて、完全雇用を達成するために必要な適度なインフレはもちろんいいことだよ。一方のデフレは、60ページの図9を見れば分かる通り、物価上昇率が下がれば下がるほど、どこまでも失業率が悪化し続けるから、常に悪いことだよ。

最も景気がいい状態とは？

先生 景気と物価、失業率の動きを整理すると次のようになる。

- 景気が回復→物価が上昇する（インフレが起こる）→インフレ率が上がり続け、失業率が下がり続ける→インフレ率が一定以上上がりきったら、失業率が下げ止まる
- 景気が悪化→物価が下がる（デフレが起こる）→失業率が上昇し続ける

高校生　インフレがいいのは分かりましたけど、一番景気がいい状態って、どうやって分かるんですか？

先生　「最も景気がいい状態」とは、ずばり完全雇用を達成している時だ。

さっきインフレ率が上がり続けても失業率が下げ止まるのは、職に就けない人が一定数いるからと説明したけど、逆を言うと、失業率が下げ止まった時というのが、限界まで人が職に就いている状態だから、実質的に完全雇用が達成されたってことだ。

高校生　失業者がもうこれ以上減らないっていう時、それが景気のピークなんですね。

先生　日本の場合、失業率が下げ止まるのは大体2％ちょっとに達した時で、この際のインフレ率の上限は大体2％。つまり、インフレ率2％程度が日本経済にとって一番の理想であり、最も景気がいい状態なんだよ。

また、別の観点から言うと、現実のGDP、つまり国内総生産が、潜在GDPの上限である完全雇用の状態に到達した時も、景気がピークに達した状態だ。

現実のGDPが潜在GDPに到達したということは、ヒト・モノ・カネからなるその国のリソースがフル稼働している状態であり、同時にフルに消費されている時だよ。

景気が悪い状態とは？

高校生　では逆に、景気が悪いのは、どういう時を言うんですか？

先生　現実のGDPが潜在GDPを下回れば下回るほど、景気が悪い状態と言えるね。

経済学では、この現実のGDPと潜在GDPの乖離幅のことを「GDPギャップ」といい、中でも現実のGDPが下回っている場合の乖離幅を「デフレ・ギャップ」と呼んでいる。

デフレ・ギャップが生じている時は、その国が持っているフルの生産能力に、総需要＝消費と投資の合計が追いついていないということであり、それだけ余分な失業者が発生している状態でもあるよ。つまりデフレ・ギャップが広がれば広がるほど、失業者の数が増えるということ。

高校生　余分な失業者が生じている時が不況で、失業者が最低限しか出ていない状態が好景気っていうのは、分かりやすいですね。

先生　では、このGDPギャップをもとに、近年の日本の景気動向を見てみよう。

次ページの図11と図12を見ると、バブル崩壊以降の「失われた20年」と呼ばれる期間の後半、現実のGDPはほとんどの間、潜在GDPを下回っていた。つまり、デフレ・ギャップが生じていて、不景気が続いていたことが分かるよね。

図11　現実のGDPと潜在GDPの推移（2006.1〜2010.1）

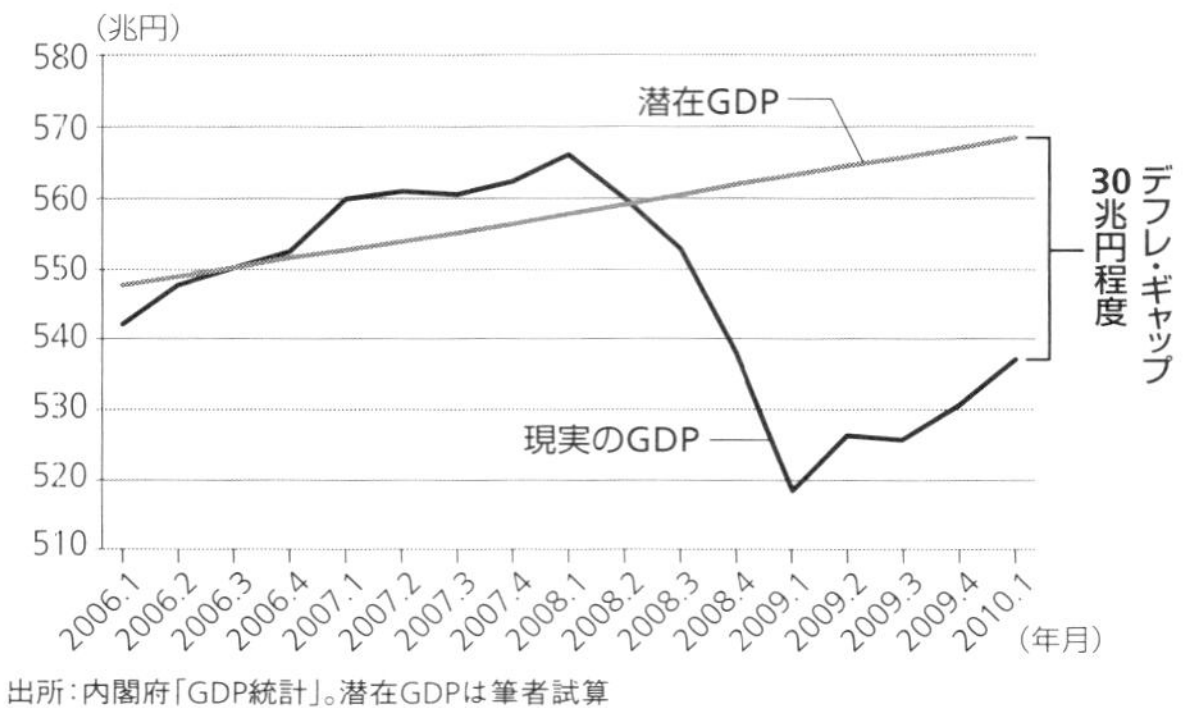

出所：内閣府「GDP統計」。潜在GDPは筆者試算

図12　現実のGDPと潜在GDPの推移（2010.3〜2014.3）

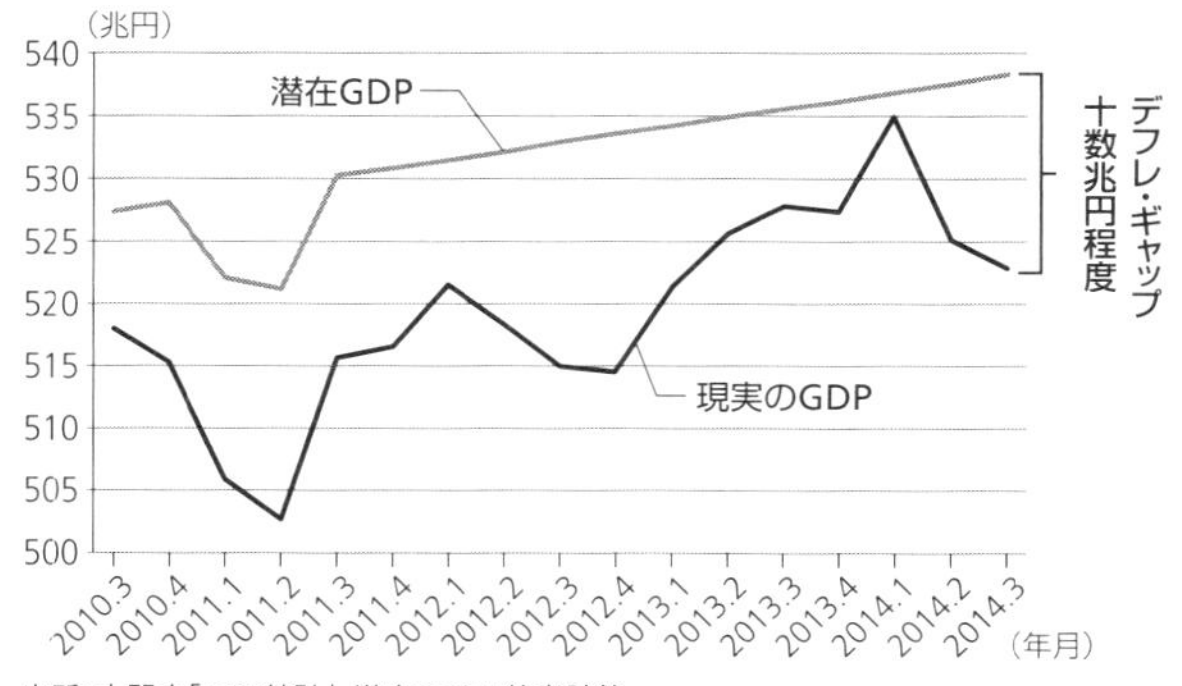

出所：内閣府「GDP統計」。潜在GDPは筆者試算

不況には2つのタイプがある

先生　経済において、デフレが悪い状態だということは、よく分かったかな。
　事実、バブル崩壊後の日本は、物価が下落し、デフレが続いたことで失業率が上がり、「失われた20年」という名の長い不況が続いたんだ。
高校生　デフレは悪者、インフレは正義ってことですね！
先生　それが、そうとも言えないんだよ。実は、不況を招くのはデフレだけとは限らないんだ。
高校生　えっ？　インフレの時でも不況になったりするんですか？
先生　インフレ率が高いまま「悪性インフレ」になることがあるんだよ。
　これは、インフレーションと、景気低迷を意味するスタグネーションを合わせて「スタグフレーション」と呼ばれてるんだ。スタグフレーションが起こるのは、石油ショックなどで一時的にオイルの価格が高騰するなどによって、生産側（供給側）にコスト高などの制約が生じるからだよ。なぜその時に同時に不況が起こるかといえば、コスト高の結果、労働者の賃金が下げられたり、リストラが起こったりするからだ。
　一方企業は、コスト高を商品やサービスの価格に転嫁したりするから、物価の高止まり状況（つまりインフレ）だけは継続するという状態が生じるんだ。
　つまり、不況とは、デフレから生まれる「デフレ不況」と、インフレ下で生まれる不況である「スタグフレーション」の2つのタイプがあるんだよ。

高校生　デフレが悪者でインフレは正義。でも、行きすぎたインフレやスタグフレーションは悪、ってことですね。

先生　そうだね。スタグフレーションは、日本でいうと、1973年の石油ショックの後に起こった不況がこれに当たるんだ。

どちらのタイプの不況か知る方法

高校生　不況には、デフレ型とスタグフレーション型の2つのタイプがあるのは分かりました。でも、どっちのタイプか見極めるにはどうしたらいいんですか？

先生　それは、失業率が上がった時、つまり不況が起こった時の物価の状態を見れば分かるよ。つまり、失業率が上がり始めた時、物価が下落している状態であればデフレ不況。物価が上昇している状態であればスタグフレーションだ。

リーマン・ショック時の日本の経済状況はというと、失業率が上がり始めた時は、物価が下落していたため、典型的なデフレ不況だ。

一方で、同じリーマン・ショック時のアメリカとイギリスはというと、物価が下落してはいるものの、金融緩和政策を迅速に行ったことが功を奏し、完全なデフレの状態には至っていない。このように、デフレにまでは陥っていないものの（物価が0％以下には落ち込んでいないものの）、物価が下落している時に起こる不況のことを、「ディスインフレーション」と呼んでいる。

高校生 デフレが悪で、そこまではいかない〝ディスインフレーション〟は、えっと……ちょっと悪って感じですか？

先生 まさにそうだね。実際、デフレ不況に陥った日本とは対照的に、ディスインフレーションにとどめたアメリカとイギリスは、その後景気が回復し、インフレ率が緩やかに上昇しているんだ。

高校生 完全な悪じゃないから、回復も早いってことですね！

バブル後のデフレは「いいデフレ」？

先生 バブル崩壊後の日本はこのデフレ不況だったけど、当時、マスコミの間で「デフレは悪いことではない」とする「いいデフレ論」が生まれ、物議を醸（かも）したんだ。

高校生 ああ、それ分かる気がします。デフレってモノが安くなるから、買い物する時はお得ですもんね。

先生 その通りで、消費者目線で見たら「物価が下がるということは、モノやサービスが安く手に入るということなので、いいことである」というのがその根拠になっていた。

高校生　実際、デフレにもいいところはないんですか？

先生　その答えはノー。バブル崩壊後のデフレも、明確に「悪いデフレであった」と断言できるよ。まず、価格が下がるからいいというには、所得が下がらないという前提が必要。でも実際には、その期間に所得は下がった。それと、「失われた20年」のデフレは、その深刻度の高さから、多くの人の命を奪ったからだ。

高校生　デフレが、人の命を奪った……？

先生　まず、左の図13を見て欲しい。

これは完全失業率と自殺率の関係を示す図だが、見ての通り、2つの推移はほぼ重なっている。すなわち、失業率が上がると自殺率も上がるんだ。そして、バブルが崩壊した1990年以降、失業率と自殺率が急増していたことが分かる。

高校生　ほとんど直角に上がってる！

先生　警察庁では、自殺者が出た際、その原因・動機は、家庭問題、健康問題、経済・生活問題、勤務問題、男女問題、学校問題、その他に分けて扱っている。遺書などの裏づけ資料がかなり明確に推定できるものを、自殺者一人につき3つまで計上可能とし、慎重に統計をとっているんだ。

図13　完全失業率と自殺率の推移（1980〜2014年）

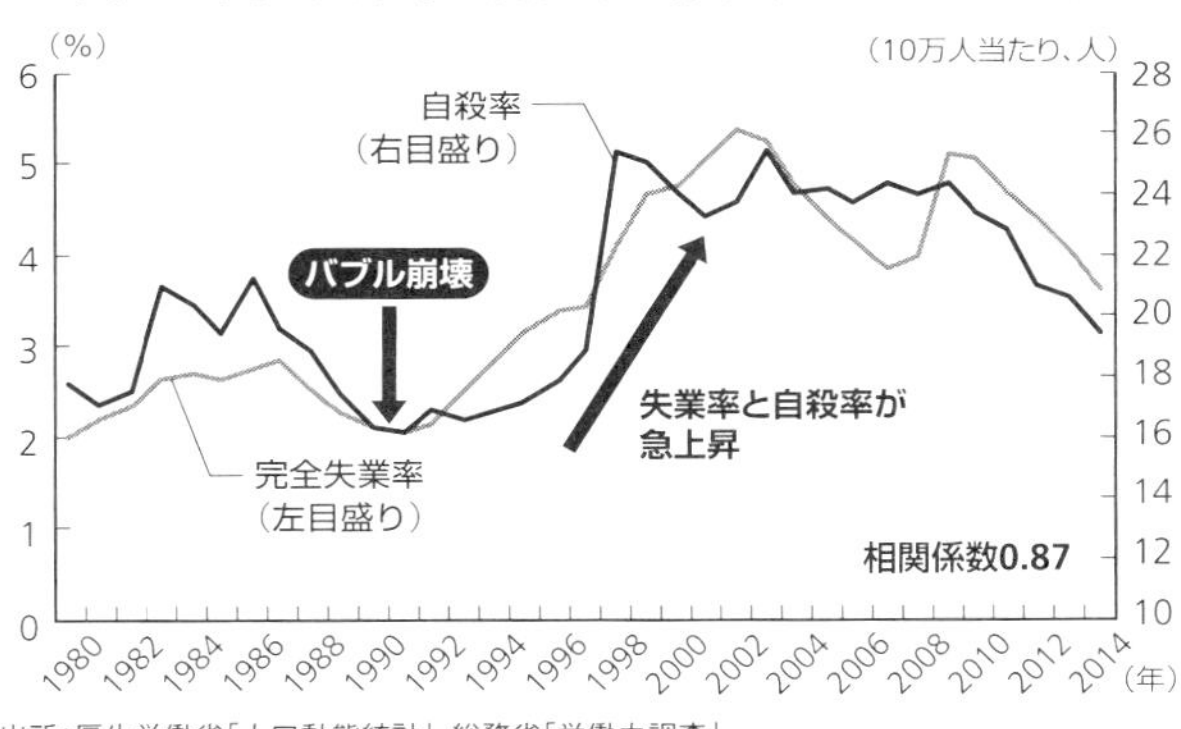

出所：厚生労働省「人口動態統計」、総務省「労働力調査」

その結果、先に挙げた原因・動機のうち、経済・生活問題と健康問題以外が占める割合は、それぞれ大きな変動を見せていないことが分かっている。

しかし、経済・生活問題と健康問題は、年ごとに大きく変動し、その度合いは景気の悪化と密接に関係してるんだ。この観点から見ても、景気が悪化すると生活苦から自殺してしまう人が増えるというのは明らかだね。

高校生　うーん……生活が苦しいから自殺する人が増えるって、すごく悲しい話ですね。

先生　さらにこの図を見ていくと、1980〜2014年の失業率と自殺率はほとんど同じ動きをしていることが分かる。具体的数値を見ると、景気が悪化し失業率が1％上昇すると、3000人程度自殺者を増やしてしまうということになる。

1990年以降の「失われた20年」の間、失業率の増加に伴い、自殺者数は年間８０００～1万人ほどのレベルで大きく増えていたんだ。

高校生 データで見ると、物価の下落と言っても数パーセントの違いなのに……。デフレがもたらした不況が、すごく深刻なものだったって分かりますね……。

「いいデフレ」は存在するのか

先生 先ほど、バブル崩壊後のデフレを肯定する「いいデフレ論」が出たと言ったが、具体的にはどのような内容だったのか？

例えば、毎日新聞の２０００年7月8日の社説の中では、「物価下落　価格破壊はさらに続けよ」という見出しの下、次のような文章が書かれている。

今年に入り、物価下落幅は大きくなっている。それでも、国際的に日本の生活関連の物価は高い。消費者が豊かさを実感できる経済にするためにも、物価はさらに下げる必要がある。言い換えれば、「価格破壊」は今後とも、その先導役として、一層、進められなければならない。いま起きている物価下落は「よい物価下落」だからだ。

やっぱり「物価が下がったほうが、消費者が助かる」という考え方だね。当時、こういった論説は新聞、雑誌、テレビ等の報道で多く目にしたんだよ。

高校生 でも、たくさんの自殺者を出したぐらいだから、やっぱりその考えは間違い、ですよね？

先生 そうだね。どう間違いだったかというと、「消費者」というのは、裏を返せば「労働者でもある」という事実を見過ごしている点だ。

高校生 消費者は、労働者⁉

先生 例えば、「一つの家族」を思い浮かべてごらん。家族の中には、子どもから大人、おじいちゃん、おばあちゃんまで存在しているけど、その家族単体としては確かに「消費を行う者」、すなわち消費者である。

しかし、みんなが生活するためのお金はどこから手に入るかな？

高校生 うちの場合、お父さんです。

先生 そうだよね？ 言うまでもなく、同じ家族内の誰かが働いてお金を稼ぎ、生活を支えている。つまり、一般家庭は、消費者であると同時に労働者なんだ。

高校生 そっか。モノが安くなっているっていうことは、値下げしないとモノが売れないってことで、つまり店や企業が儲からず、不況が起こっているということだから……、家庭の収入がそれだけ減っていることでもあるんですね。

先生　それを前提に、景気や物価の変動を、改めて俯瞰して考えてみて欲しい。「失われた20年」の間に起きたデフレが、日本にとっていいことだったのか悪いことだったのか。私は、自殺者数の増減は、その国の幸不幸をそのまま表していると思うんだ。

だからこの期間に、自殺者が増えたということは、すなわち、不幸な人が増えたということだ。そして、その原因の多くが「失業の苦しみ」だったことを考えると、「物を安く買える喜び」よりも「景気後退からくる苦しみ」のほうが勝っていたことになる。

高校生　なるほど……でも、バブル崩壊後のデフレが特別ひどかったってことはないんですか？

先生　いや、当時の物価の下落率は大体1％未満に過ぎなかったから、むしろ小規模なデフレだったんだよ。それでも、じわじわと人を苦しめ、多くの人を自殺に向かわせる凄惨な状況を生み出したんだ。

高校生　そう考えると、デフレって、ほんとに悪いことなんですね……。

先生　デフレをいいことだと言う人は、自殺者が増える状況を受け入れ、むしろ推進しているも同然だということを、私はここで強調しておきたいよ。

なぜ日本でデフレが起こったか

高校生　じゃあ、もう二度とデフレが起きないようにするには、どうすればいいんですか？

先生　その質問に答える前にまず、実はデフレ自体、起きにくいものだという話をしておきたいと思う。

バブル崩壊後の日本で起きたデフレを小規模なものだと言ったけど、そもそも物価上昇率がマイナスの水準にまで下がるという状態自体がレアケースなんだよ。

高校生　なんだ！　少しほっとしました。

先生　世界的に見てもなかなかデフレが起きることはなく、直近では、1929年から1933年にかけて世界中の資本主義国に広がった経済不況、世界大恐慌の時まで遡る（さかのぼ）しかないぐらいだ。第二次世界大戦よりさらに10年も前。ちなみに、この時の日本は、東北の農村を中心に、娘の身売り話や欠食児童の報告が増大したほど凄惨な時代だったんだよ。

高校生　そこまでレアケースなのに、バブル崩壊後のデフレはどうして起きちゃったんですか？

先生　それは、これまでの話と重複するけど、やはり日銀が、誤った金融政策をとり、さらにその政策を継続させたからと言えるね。

47ページの図5と62ページの図10で、もう一度「失われた20年」の不況を振り返ってみよう。

図5は、マネーストックが減った2年後に、名目GDP増加率が低下して実際に景気が悪化

していることを表し、図10は、同じくマネーストックが減った2年後に、実際に物価（インフレ率）が下落し、デフレが起こっていることを表している。

マネーストックが減ると物価が下がってデフレになり、不況になる――それを裏づけているわけだ。

高校生 でも、そもそも、どうしてマネーストックが減るかというと……。日銀が、民間の銀行にお金の供給をしなかったから、ですよね？

先生 そうだね、早い段階で日銀が動いていれば、失業率を増加させ、自殺者を増やすこともなかった。すべては、日銀の判断ミスから始まっているんだ。

金融緩和をしてもデフレは避けられなかった？

先生 しかし、「失われた20年」真っ只中の日本では、「金融緩和は物価の上昇に効かない」「金融緩和はもう限界の水準に達している」といった報道が継続的になされていたんだ。この時の報道を真に受けた人は、日銀が元凶だと言われても、今一つ信じられないかもしれない。

高校生 でも、デフレ不況を止めるのは、日銀にしかできないんですよね？

先生 そう、物価を上昇させるためには、日銀の金融緩和が不可欠なんだ。その理由を今から解説しよう。

図14　信用乗数（マネーストック÷マネタリーベース）の推移

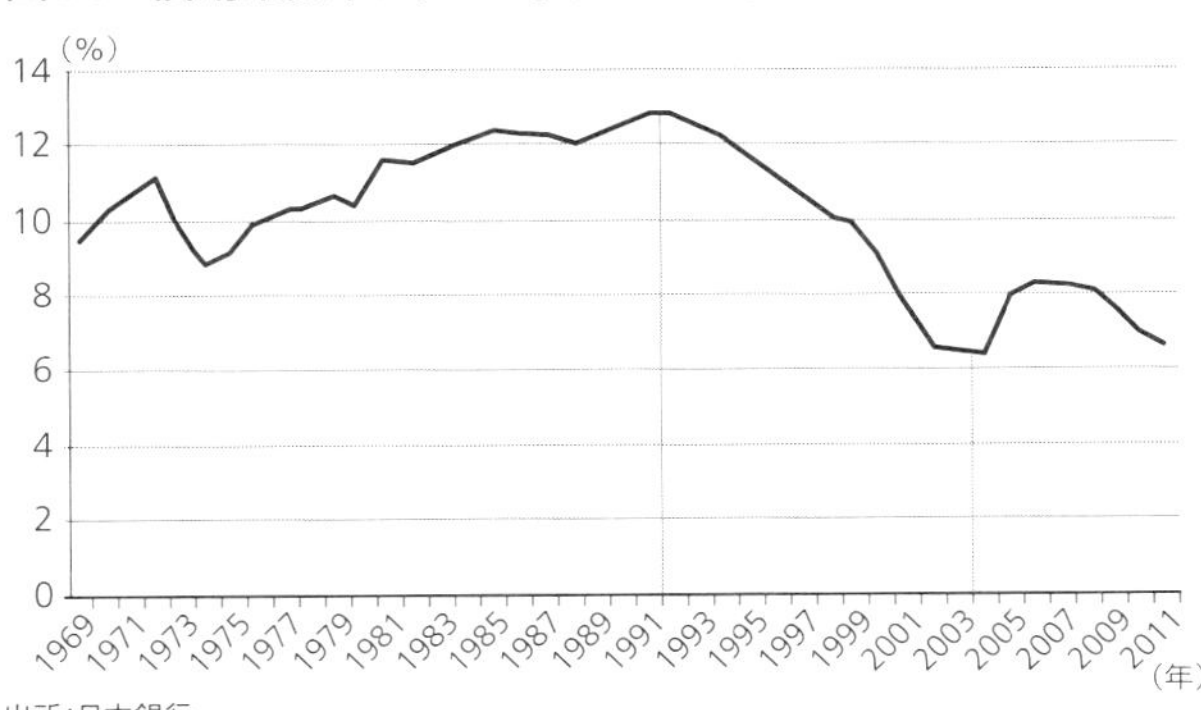

出所：日本銀行

まず、48ページ以降で説明した通り、マネーストックは次のように成り立っている。

マネーストック＝マネタリーベース×信用乗数

「信用乗数」とは、先述した通り、日銀がマネタリーベースを1増やした時に、マネーストックを何倍に増やすかを示す数字である。ここで問題なのは、信用乗数が、その時の景気の状況によって変動するということだ。

ここで上の図14を見て欲しい。この図は、その時々の信用乗数を表したものだ。

1991年あたりが最大値で、12強ある。この12という数字は、日銀がマネタリーベースを1供給すると、世の中でそのマネーが12回転し、流通するマネーの総量は12倍に増えていたということを意味する。そして、

2003年あたりには信用乗数は半分の6くらいにまで低下している。すなわち、1991年と同量のマネーストックをつくるには、2倍のベースマネーを供給しなければいけないということだよ。

高校生　うーん、ちょっと難しくなってきましたね……。

信用乗数が低下してしまっている時は、その分だけ多くのマネタリーベースを供給すればいいということですね。すごくシンプルな気がしますが……でも、そもそもなぜ信用乗数って変化するんですか？

先生　なぜかと言えば、まず日銀がマネタリーベースを供給した後に、社会に流通するマネーの総量であるマネーストックが増えるのは、それだけ市中銀行が貸し出しを行うからなんだ。では、銀行が貸し出しを増やす時とはいつか？　基本的には、銀行は「天気がいい時に傘を貸して、天気が悪い時には傘を貸さない」と揶揄(やゆ)されるように、景気がいい時には貸し出しを旺盛に行うが、景気が悪い時にはあまり貸し出しを行わないものなんだ。この銀行貸し出しの持つ特性が、信用乗数を変化させているんだよ。

つまりは、景気の悪い時にマネーストックを増やして景気をよくしようとしたら、それだけ多くのマネタリーベースを供給しなければいけない――大規模な金融緩和を行わなければならない――ということになるんだよ。

ここまでの話をまとめると次のようになる。

・マネーストック＝マネタリーベース×信用乗数
・「信用乗数」は、景気がいいと上昇し、悪いと低下する。
・マネーストックを潤沢に保つためには、信用乗数が低下したら、その分日銀がマネタリーベースを多く供給しなければならない。

逆に、マネタリーベースの供給量が不足してくると、必然的にマネーストックが減少することになり、消費や投資が減って景気が悪化し、物価が下落するデフレが起こるというわけだ。

経済学者VS日銀官僚

高校生　ここまでの話を聞く限り、金融緩和って日銀がお金を世の中に出すだけですよね？　どうしてデフレになるまで、それをしなかったんですか？

先生　もちろん、危機を感じていた人もいたよ。

1990年代はじめ、当時上智大学経済学部教授だった岩田規久男先生は、急激にマネーストックが減少していることを問題視して、「このままいくと危機的な景気後退を招く」と訴えたんだ。そして日銀が金融緩和政策としてマネタリーベースを拡大し、マネーストックの量を回復させるべきだって、主張した。

高校生　でも、聞き入れてもらえなかったんですね？

先生　日銀の官僚が認めなかったんだ。

当時、日銀調査統計局企画調査課長だった翁邦雄（おきなくにお）氏（現・京都大学公共政策大学院教授）は、「日銀がマネタリーベースをコントロールすることは否定しないが、マネーストックをコントロールすることはできない」といった反論をした。「だから日銀が景気を回復させることもできないし、物価を上昇させることもできない、つまりデフレ化を止めることはできない」というのが翁氏の言い分だった。

経済学者と日銀官僚によるこの論争は、「岩田・翁論争」と呼ばれ、マネーストックの過去の呼び方・マネーサプライから「マネーサプライ論争」とも呼ばれている。

高校生　日銀はデフレを止めることはできないって、これまでの話とまったく逆じゃ……。

先生　そう、むしろ日銀にしか金融緩和はできないって説明してきたからね。

当然、日銀の考えが間違いだったわけだけど、その大きなポイントは、日銀が信用乗数の変動を理解していなかったことだね。

先ほどの図14で分かるように、この40年の間に、日本の貨幣の信用乗数は大体6～12倍の間で推移してきた。日銀が金融機関に供給したお金を1だとすると、2003年頃は、その6倍強のお金が世の中に出回り、景気を保っていた1991年は、12倍強のお金が出回っていた。つまり2003年は、1991年の半分の量しかお金が増えなかった。

だったら、日銀が供給するマネタリーベースの量を2倍に増やせばいいだけだった。そうすれば、景気のよかった1991年に近いマネーストックを生み出し、ひいては不況の危機から脱することができたはずだ。

しかし当時の日銀には、この発想がなく、「今、マネタリーベースを増額して金融緩和をしても効かない」と主張し、ほとんど対策を打たなかったんだ。

高校生　金融緩和が効かないって、どうしてそんな考えになっちゃったんですか？

先生　実際は「金融緩和が効かない」のではなく、信用乗数が低下したことによって「効きづらくなっていただけ」だったんだけどね。この日銀による大きな勘違いが、結果として日本を大不況に陥れた。そして、岩田先生の主張は長らく世間に認められないままだった。

高校生　それじゃあ、ずーっと日銀は間違ったままだったんですか!?

先生　信じられないことに、そうなんだ。

でも、2012年、安倍晋三氏が2度目の首相の座につくと、ようやく風向きが変わり始めたんだ。翌年、安倍総理は、当時学習院大学の教授だったこの岩田先生を、日銀副総裁に指名した。以来、「岩田・翁論争」の当事者である岩田先生が、その論争に自らの手で決着をつけていくことになるんだよ。

ようやく正しい舵取りがなされた

先生　安倍晋三内閣の経済政策が「アベノミクス」と呼ばれていることは、知ってるかな？

高校生　アベノミクス、聞いたことはあります！　でも、安倍首相の政策ってことしか知らないですけど……。

先生　アベノミクスは、大胆な「金融政策」、機動的な「財政政策」、民間投資を喚起する「成長戦略」という「3本の矢」で、日本経済の再生を目指すものだった。金融政策としては、日銀と連携してデフレ脱却を目指すことを宣言していた。

このアベノミクスは、総理就任前からすでに期待されていたんだ。

高校生　アベノミクスって、そんなに信用できる内容だったんですか？

先生　安倍氏が自民党総裁選で主張したことが、みんなの期待と信頼を呼んだってことだね。

高校生　安倍氏は総裁選で何を言ったんですか？

先生　「2～3％のインフレ目標を設定し、無制限の金融緩和を行うべきだ」って言ったんだ。

さらに、2013年4月に任期が切れる白川方明（まさあき）日銀総裁の後任には、インフレターゲットに賛成している人物を起用したいという政策内容も明らかにしている。

高校生　バリバリ金融緩和に乗り気じゃないですか！

先生　そうなんだ。これを受け、2012年11月14日、野田佳彦首相（当時）が衆議院の解散を表明すると、次の安倍政権による大規模金融緩和政策を見越して、株価は高騰。27日には終値9423・3円にまで到達した。野田政権時の平均株価は8925円だったから、すごい勢いだよね。

高校生　この人なら、きっと不況を終わらせてくれるって、みんなが思ったんですね⁉

先生　それで、12月26日、衆院選に圧勝した安倍氏は、公言通り、大規模金融緩和政策を実行に移した。その手始めとして、2013年3月に日銀の総裁と副総裁を指名したんだ。

副総裁には、先に述べた通り岩田規久男学習院大学経済学部教授（当時）。総裁には、同じく金融緩和に積極的だった黒田東彦（はるひこ）アジア開発銀行総裁（当時）を指名した。

そして同年4月3、4日、黒田・岩田体制となって初めてとなる、日銀の金融政策決定会合が開催され、歴史的な金融政策の転換が宣言されたんだよ。

具体的な内容は「2％のインフレ目標を2年間で達成するため、マネタリーベースを2年間で2倍に増やす」というもので、全員一致で決定。正しい金融政策がついに表舞台に出ることを許されたんだ。

図15　日米欧の中央銀行バランスシートの推移

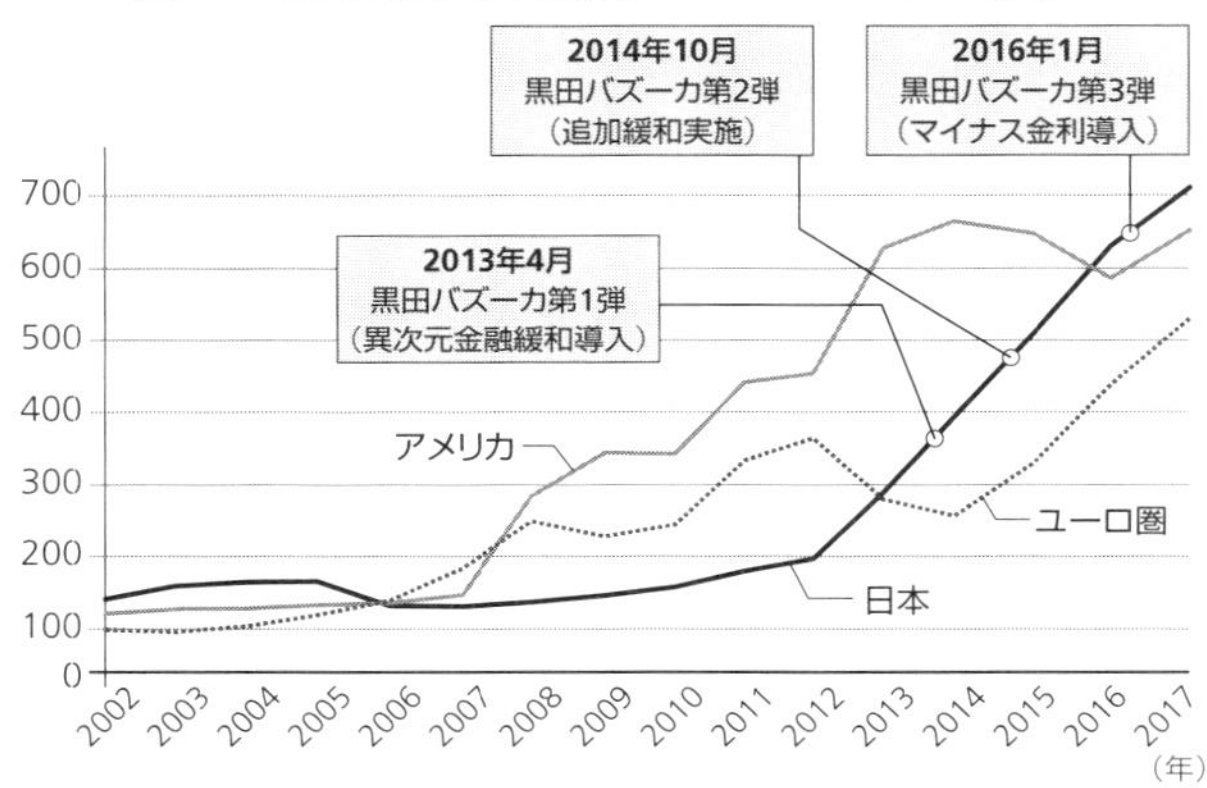

出所：各国中央銀行財務諸表

高校生　リーマン・ショックが終わってから、やっと本格的な金融緩和が始まるんですね……。ながっ！

先生　本当にね。この日は、日本経済にとって歴史的転換点であり、私にとっても忘れられない日になった。日銀がようやく本当の意味で変わった日になったからね。

それで、リーマン・ショック後にアメリカとイギリスの中央銀行が行った、真っ当な規模の金融緩和政策を、日銀も実施することになったんだ。それが分かるのが上の図15だよ。これは日米欧の各中央銀行のバランスシートの規模の推移を表したものだ。

日銀の金融政策の転換が報じられた直後、日経平均株価は約5000円急伸、その後も右肩上がりで、5月上旬には1万4000円台へと突入した。

為替相場も、決定直後から改めて円安になり、対米ドルでは4日当日だけで4円近い円安が起こり、96円台に、5月上旬には100円を突破した。

高校生　おおーっ！　すぐに結果が出始めたんですね。

先生　黒田・岩田体制の日銀は、白川体制時代には先行き真っ暗だった日本経済の雰囲気を「オセロゲーム」のように一気に変えていったんだよ。

日銀新体制スタートから6年の間に起きたこと

先生　あれから6年近くの月日が経った2018年12月25日。

日銀が黒田・岩田体制になってから6年間で、実質GDPは498兆円から533兆円に増え、有効求人倍率は0・83倍から1・63倍に、消費者物価指数も−0・2%のデフレだった水準から、+0・7%というプラスの水準に移行した。他の改善した数字は次ページの図16にまとめたよ。

すなわちデフレから脱却し、雇用も増え、緩やかなインフレの状況に入ってきたんだ。「もう日本経済の成長はない」という風潮が広まっていたため、新体制になって日本経済が右肩上がりに伸びていくことに、驚いた人も多かっただろうね。

高校生　確かに最近、失業率が減ったどころか、企業が人手不足っていうのをよく聞くかも

図16　安倍政権発足後6年の変化

	安倍政権発足時 2012年 12月26日	▶ 6年後 2018年 12月25日
実質GDP	498兆円（12年10～12月期）	533兆円（18年7～9月期）
名目GDP	493兆円（12年10～12月期）	547兆円（18年7～9月期）
日経平均株価	1万230円36銭	1万9155円74銭
円相場（対ドル）	85円62銭	111円7銭
有効求人倍率	0.83倍（12年12月）	1.63倍（18年11月）
消費者物価指数（生鮮食品を除く総合、前年同月比）	−0.2%（12年12月）	0.7%（18年12月）

※実質GDP成長率は年率換算。

出所：内閣府、日本銀行など

……。それって、やっぱり景気がよくなったってことですよね。

なぜ日銀の金融緩和は効いたのか

先生　では、なぜ日銀の金融緩和は景気回復に効果があったのか？

まずは長らく「金融緩和ではデフレを止められない」とされ、緩やかなインフレの状態に持っていくことすらできないと言われていた背景を探ろう。その理由の一つは、日銀がマネタリーベースを増やす形での金融緩和政策、この場合は量的緩和政策を行っても、市中銀行は手元に増えた資金を貸し出しには回さず、無駄積みするだけだと言われていたからなんだ。

高校生　銀行がどんどんお金を貸し出さな

図17　金融政策の景気への波及経路

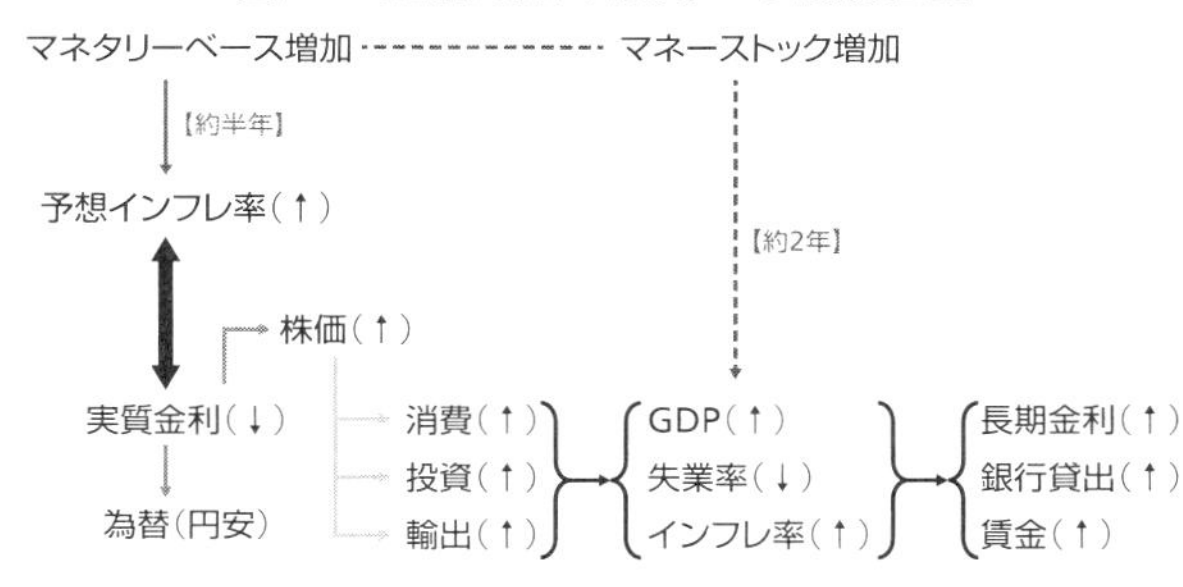

いと、社会全体にお金が回っていかないですもんね。

先生　そう、どうせ一般の人たちにまでお金が回らないと思い込んでいたんだよ。

ところが、その考え方自体が間違いだったんだ。銀行貸出の増加自体、デフレからの脱却に必要ではなかったんだよ。それがひと目で分かるのが上の図17だ。

この図は、大規模金融緩和政策、つまりマネタリーベースの増加を行った後、どういう経路でインフレ率が上昇し、景気が回復するかを示したものだよ。

景気の回復とは、GDPが増え、失業率が下がることを言うんだったよね。

ここから分かることは、インフレ率が上がりデフレから脱却し、景気が回復した「後」に、銀行貸出の本格的増加が起こるということ。つまり、デフレからの脱却と景気の回復に、銀行貸出の増加は必須ではないということだ。

高校生　本当だ……。銀行貸出は最後に増えてますね。

先生　まず、図17の経路について説明しよう。
黒田・岩田体制による金融緩和は、まとめると次のような経路で日本を経済停滞から救い出したんだ。

①日銀がマネタリーベースを増やす
②予想インフレ率が約半年かけて徐々に上昇する
③円安が起こり、消費と投資が増える
④株価が上昇し、消費と投資が増える
⑤③と④による消費と投資の増加が、徐々にインフレ率を上昇させ、失業率を下げ、景気を回復させる（＝GDPを増加させる）

そして、最後に……、

⑥貸し出しと賃金が本格的に増加し出し、景気が本格的な上昇ルート（＝完全雇用達成後の成長ルート）に乗る

**図18　予想インフレ率（BEI）と
マネタリーベース（6カ月前）の関係**

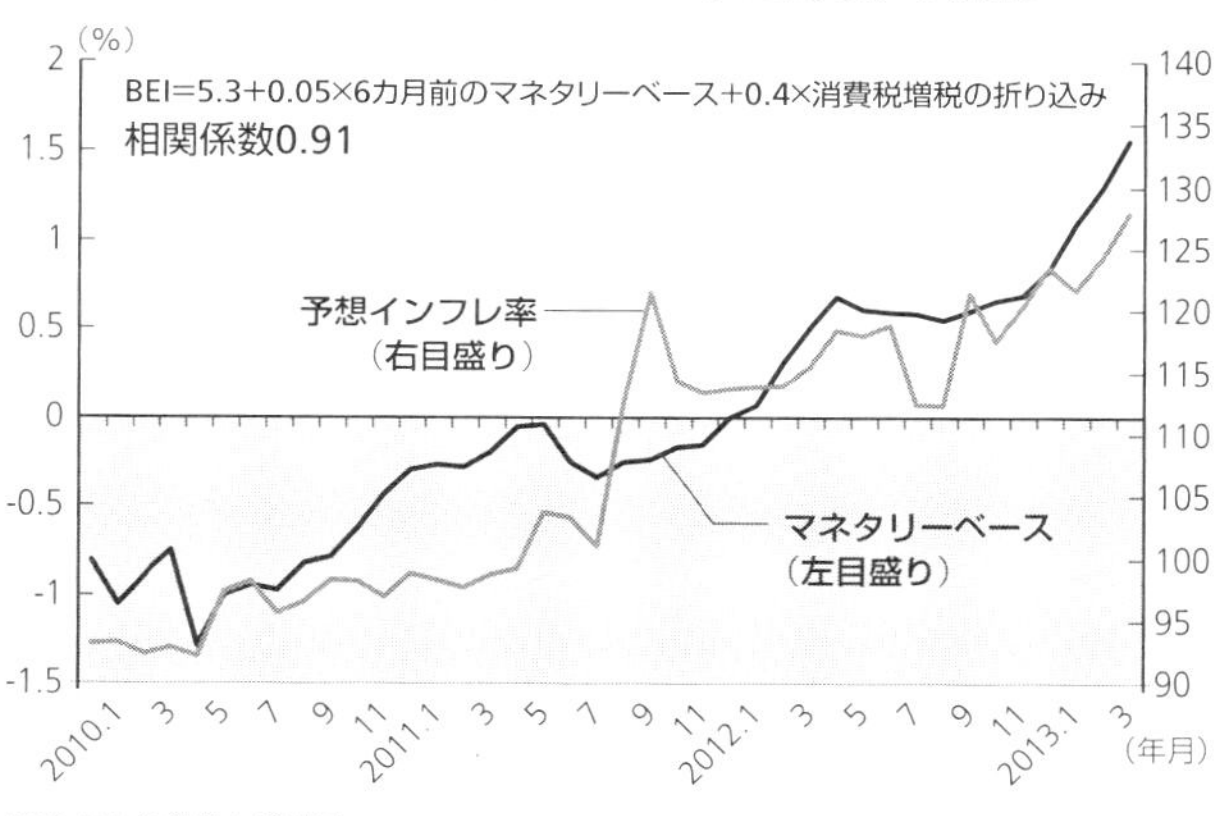

出所：日本銀行調査統計局

まず、①の「マネタリーベースを増やす」、それにより②の「予想インフレ率が約半年をかけて徐々に上昇する」という流れについて、より分かりやすいのが上の図18だ。

なぜマネタリーベースを増やすと予想インフレ率が上昇するかというと、61ページ以降で説明した通り、マネーの量が増え、相対的に商品とサービスが希少になると、物価が上がるという仕組みだからだ。つまり、マネタリーベースが増えると物価が上昇すると「予想」する人が増えるので、予想インフレ率が上昇することになる。その逆もまたしかりだ。

次に③の「円安が起こり」と④の「株価が上昇し」についてだが、これは日銀が新体制に変わった時に……、いや、変わることが分かった段階で、すでに起きていたことだよ。

高校生　変わることが分かった段階で、すでに起きていた……ってどういうことですか？

先生　２０１２年11月14日に、野田佳彦前首相が衆議院の解散を表明してから、金融市場はすぐに動き出していたんだ。それは、後に安倍自由民主党総裁が首相になると判断し、彼が宣言していた大規模金融緩和政策の実施を見越してのことだった。

結果、日経平均株価は同日から２０１３年3月末までに43％上昇した。円ドルレートでは、18％の円安が生じていたんだ。

高校生　これから景気が回復するだろうという予想から、市場が動いたということですね。

先生　そう。株も為替も投資であり、昔ジョン・メイナード・ケインズという高名な経済学者が「投資とは美人投票のようなものである」と言った通り、人々の思惑の総意によって動くものだからね。つまり、その時々の状況に即座に反応して、多くの人が予想する方向に変化していくんだ。

高校生　景気回復の予想から株価が上がるというのは何となく分かるんですが、為替市場で円安が起こるのは、どうしてですか？

先生　いい質問だね。それは為替というものが、大体双方の国のマネタリーベースの量の比で決まるからだよ。それを分かりやすく表したのが左の図19だ。

これは日米のマネタリーベースの量の比と、円ドルレートの推移を書き込んだ図だ。

図19　円ドルレートと日米マネタリーベース比の推移

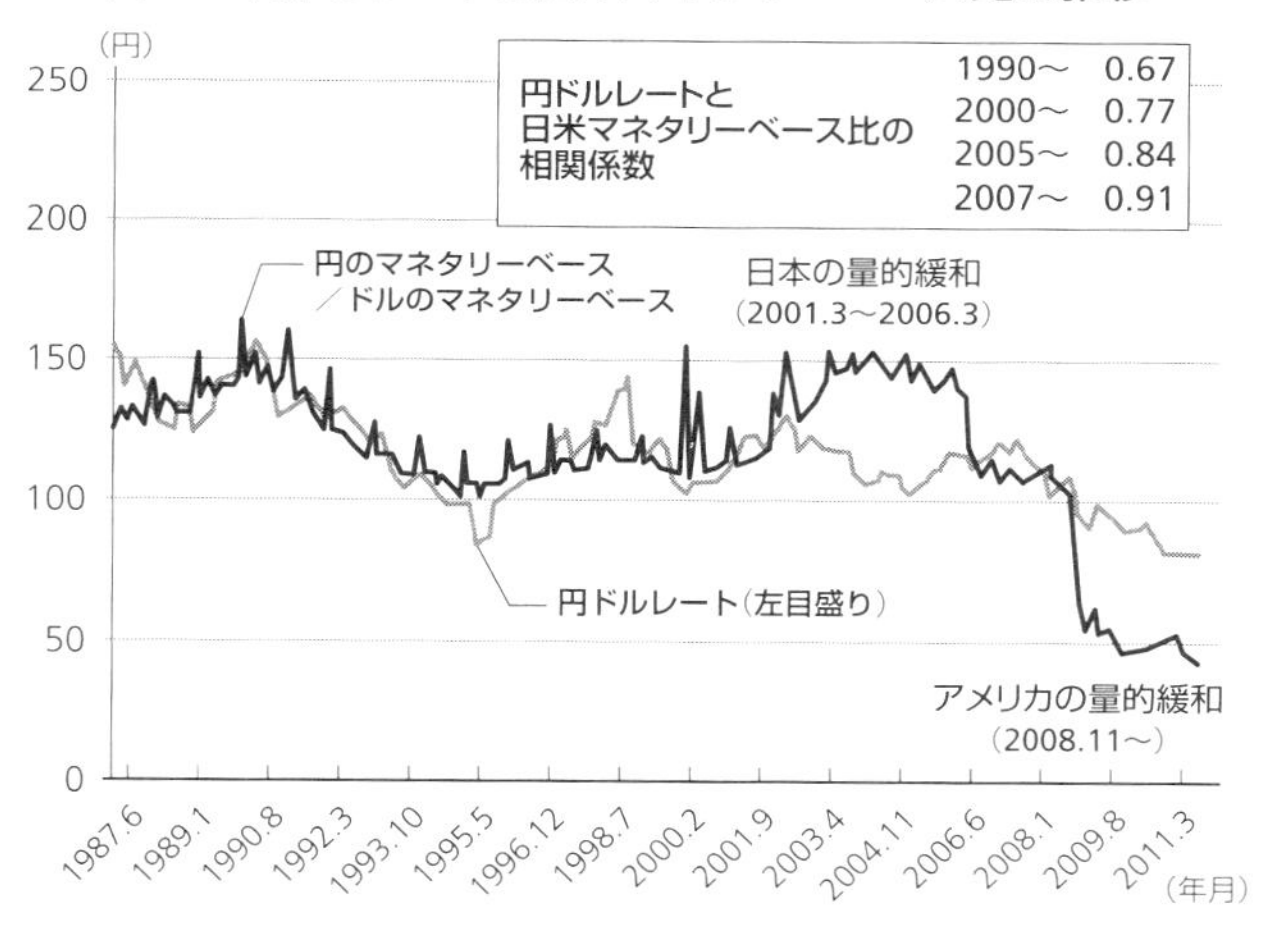

出所：日本銀行調査統計局

ここから分かることは、プラザ合意以降、その時々で重なり具合に差はあるものの、おおむね、円ドルレートは日米のマネタリーベースの量の比に沿うような形で動いているということだよ。

高校生　また少し難しくなってきちゃいましたが……。でも、なんでそんなことが起きるんですか？

先生　日本のマネタリーベースが増えるということは、日銀が円を新たに生み出しているということであり、円の量が増えているということだよね。その時アメリカの中央銀行であるFRBには特に動きがなく、アメリカのマネタリーベースの量が一定だとしたら、円の量がドルの量を相対的に上回ることになる。

つまり、円の希少価値がドルに対して下がるということだから、円の価値が下がる。一方、ドルの価値が上がるので、円安・ドル高になるんだよ。

高校生　でも、為替市場って、投資家さん同士が自由にやり取りして決まるものじゃないんですか？

先生　もちろん、その時々の為替レートというのは、全投資家の行動の結果によって決まるものだ。でもその投資家の行動というのが、市場においてより大きな力を持つ各国の通貨当局の金融政策によって、自然と方向づけられるということなんだ。

高校生　各国の通貨当局がお釈迦様だとしたら、投資家さんたちは、お釈迦様の手の平の上で転がされる孫悟空みたいな感じですかね。

先生　面白い譬えだね。通貨当局の動きに左右される市場の中で、各個人が「この状況だと利益を上げられる」と判断して為替の取引を続けている。そうやって、為替レートは日々動いているんだ。

円安はいいことか、悪いことか

先生　こうして実際に、黒田・岩田体制の金融緩和によって大幅な株高と円安が起こったわけだけど、そこからなぜ③の「円安が起こり、消費と投資が増える」と、④の「株価が上昇し、消費と投資が増える」ということが起きるのか？　株価が上がるのは、投資家の中に利益が生じるので、お金の動きが増えるということだ。

高校生　それは何となく想像しやすいです。でも「円安が起こり、消費と投資が増える」というのはなぜなんですか？

先生　まずは次ページの図20を見てごらん。実際に円安が起きたことで、消費と投資の合計である名目GDPが増えているのがよく分かるよね。

つまりは、円安が起こると日本の景気は回復し、円高が起こると日本の景気が悪化するということだ。

高校生　どうしてそんなことが起こるんですか？

先生　単純に、円安になると輸出が増え、輸入が減る。その結果、貿易による国内の収益を表す「純輸出」が増えるからだ。純輸出とは、輸出−輸入で出される数値だからね。

23ページ以降で、GDPとは「1年間に生み出された日本全体の利益の合計」であるという話をしたけど、この「日本全体の利益の合計」の中に「純輸出」も含まれているんだよ。

高校生　つまり、輸出が増えて輸入が減ると、GDPはストレートに増加するんですね。

先生　その通り。円安は、純輸出の増加をもたらし、結果的に日本の景気を回復させる大きな要因になるんだ。

図20　為替レートと名目GDPの関係

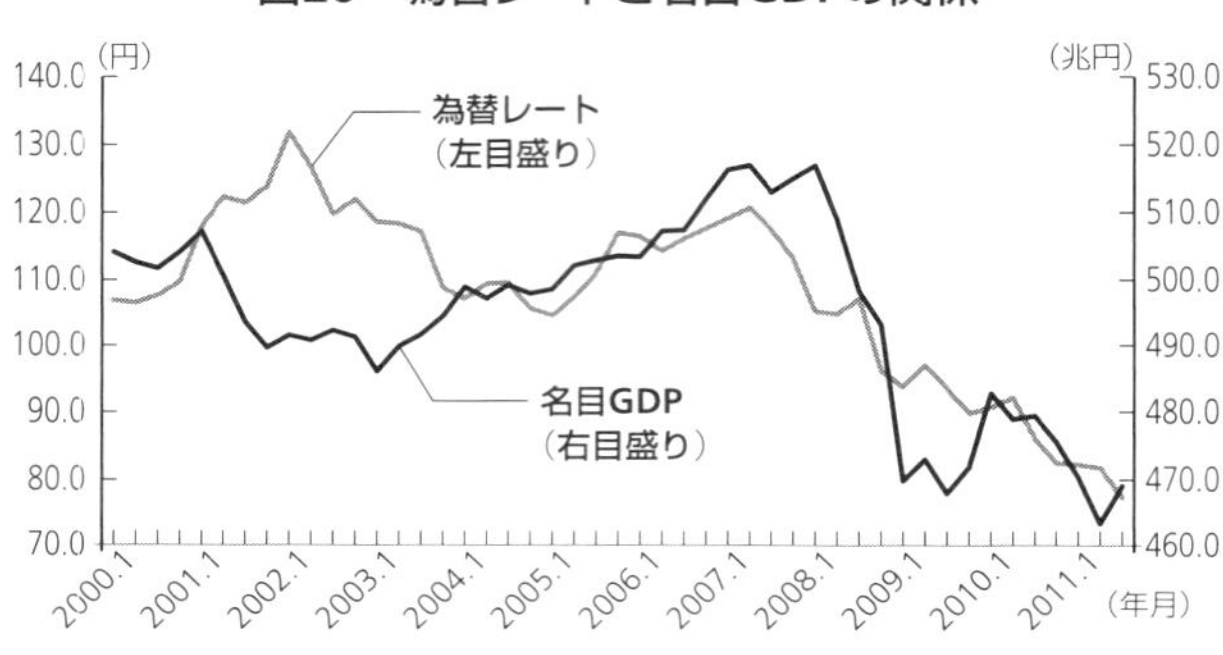

出所：内閣府

日本では「円高はいいことか？　悪いことか？」といった論争がなされてきたため、多くの人が「円高」「円安」をどう捉えればいいか迷ってきたように思う。

ただ実際には、まごうことなく「円安は日本にとっていいこと」だったと言える。

逆に言えば、バブルの崩壊以降長らく続いた円高は、純輸出を減らすという結果をもたらし、日本の景気を痛めつける一因になっていたんだよ。

さらに、その円高の原因としては、日銀が金融政策を引き締め気味に運営したことが大きい。円ドルレートはおおむね、アメリカと日本の通貨供給量の比で決まるわけだけど、引き締めたことで円の量がドルの量を相対的に下回ってしまったんだ。

高校生　そうだったんですね。なんだかどこまでいっても日銀って、間違ってばっかりだったんですね……。

先生　結局、黒田・岩田体制の金融緩和によって、日本全体の消費と投資が増加し、デフレを止め、緩やかなインフレの状況に入っていった。失業率も下がり、本格的に景気の回復が生じた、というのが、全体的な経路だね。

高校生　もしかして、その経路に、銀行貸出の増加が含まれないのがミソですか？

先生　ご名答！　ではここで、「なぜ銀行貸出の本格的な増加は、景気回復の後にくるのか？」を考えてみよう。その答えは単純で、「景気回復の初期において、企業はできるだけリスクを下げるため、銀行から資金を借り入れようとせず、すでにある自社の内部留保を取り崩して投資を行うため」だよ。

実際に、黒田・岩田体制の金融緩和以降、徐々に銀行貸出は増えてきているけど、それでも小幅な伸びに甘んじている。これは、２０１８年12月現在、まだ企業が内部留保を取り崩しきっていないからなんだ。

高校生　え、日本の企業ってそんなにお金が余っているんですか？

先生　正確に言うと「余っている」というよりは、景気後退が続いたことで、日本の経営者の多くが、さらに資金繰りが悪くなった時のために資金を貯めていたということだね。

高校生　なるほどー。クマさんが、冬眠する前に食料をたくさん食べておいて、次の春に備えるみたいなもんですね。

先生　すごく独特な譬えだけど……そうだね。

結果、消費増税の悪影響を差し引けば、黒田・岩田体制の金融緩和により景気がしっかり回復しているのが分かるのが90ページの図16だった。つまり「金融緩和は銀行に資金の無駄積みを生むだけで、それ以上資金は動かないため景気の回復に寄与しない。インフレは起こせない」という論説は誤りだったと分かるよね。

むしろ、「景気の回復に銀行貸出の大幅な増加は必須ではない」というのが、正しい見解だ。

高校生　日本では、いつ、どの場面でも、正しい説のほうが受け入れられなかったんですね。

先生　そうだね。そして言えるのは「失われた20年」と呼ばれた期間、景気を悪化させ、失業者を増やし続け、デフレという状況を許し、自殺者数を膨れ上がらせた犯人は、まぎれもなく日銀による金融政策運営にあったということだ。

それを証明したうちの一人が、奇しくも岩田・翁論争の当事者である岩田規久男先生、その人だった。安倍首相に指名された岩田先生は、日銀副総裁として、金融政策の舵取りを担当し、2013年3月から2018年3月まで、景気回復のために尽力し続けたんだよ。

これまでの私の説明に反対の人もいる。これまで間違ったことを言ってきた人たちだ。そうした人たちは、最近の短期間の数字を挙げたりして反論するけど、安倍政権が誕生してからの6年間で見ると、私の説明がほとんど間違っていないことは、数字でも確かめられるよ。

中国からの輸入品がデフレを招く？

高校生　それにしても、つくづくもったいなかったですね。間違った考えで、長い間、日本が不況だったなんて……。

先生　経済の世界では、ほかにも間違った情報が世間に垂れ流されてきたからね。

高校生　え、まだほかにもデマがいな話があるんですか？

先生　例えば、

「いいデフレ説――デフレはいいことなのだから止める必要はない」

「日銀の金融緩和はデフレには効かない説」

この2つの説については、データとともにすでに解説済みだね。

ここでもう一つ、新たな説を紹介しよう。それは、「日本で起きるデフレは、中国から流れる安価な商品が原因である」という説だ。

高校生　あー、確かに中国製ってやたら安いから、みんながどんどん買ったら、全体の儲けとか下がらないのかなって思います。

先生　確かに、中国から安価な製品や、日本の企業が中国の労働力で安価に生産した製品が市場に出回ると、全体の物価が下がりそうな印象を受けるよね。

でも、どんな時も経済を印象で語っちゃダメなんだ。この説の成否を確かめるためには、次の2つを検証する必要がある。

①中国からの輸入量が増えたらデフレに陥るのだとしたら、先進OECD諸国の中で中国からの輸入量が増えている国はどこか？　その国はデフレに陥っているか？

②中国からの輸入量が多くてデフレに陥るのだとしたら、先進OECD諸国の中で日本より中国からの輸入量が多い国はどこか？　その国は、日本のようにデフレが生じているか？

①の「先進OECD諸国の中で中国からの輸入量が増えている国はどこか」というと、実はすべての国で中国からの輸入量が増えている。では、日本以外の国でデフレに陥っている国はあるか？　答えは「ない」である。

では、②の「日本より中国からの輸入量が多い国はどこか」。その数字は、先進OECD諸国の中で、中国からの輸入量の対GDP比が日本より高い国を見れば分かる。該当する国は、韓国、ニュージーランド、チェコ、ハンガリーである。では、それらの国でデフレが生じているだろうか？　答えは否である。

高校生　じゃあ、デフレが起きたとしても、中国製の商品のせいじゃないってことですね？

先生　そういうことになるね。

中国からの輸入量が増えた国、また日本よりも中国からの輸入量が多い国において、いずれもデフレは生じていないんだから。もしも中国からの安価な輸入品がデフレの原因だとしたら、これらの国々もデフレに陥っていなければ、理屈に合わない。すなわち、日本で起きるデフレの原因は、中国からの安価な輸入品〝以外〟にあるということだ。

何よりも、日銀が黒田・岩田体制になって以降、日本の物価はデフレから脱し、安定的で緩やかなインフレの基調に入っていったが、この間に中国からの輸入量が減ったという事実はない。この観点から見ても、中国からの安価な輸入量がデフレを招くという説は、明確に誤りであることが分かるよね。

高校生　どうして中国から安い商品が流れてきても、物価は影響を受けないんですか？

先生　それは、中国の商品が全体の一部でしかないからだよ。

一部の商品の価格が変わっても、全体の物価に影響を与えない——このことに関して、通信費を例に挙げて考えよう。近年、携帯やスマホ、インターネットの出現によって、家計の中の「通信費」の金額は年々増えている。すなわち通信費の価格は確実に上がったよね。

高校生　スマホもパソコンもなかった頃に比べたら、たぶん、すごい増えてますね。

先生　でも、このせいで、全体の物価が上がるインフレが生じたかというと、そうではない。むしろ、日本に起きていたのは物価が下がるデフレだった。つまり、通信費という一部のモノの価格が高くなったことは、商品やサービス全体の価格にはまったく影響しなかったんだ。

高校生 みんながみんな、通信費にお金をかけるようになったのに？　物価全体（一般物価）って、そんなに動かないものなんですか？

先生 消費者に「やりくり」という概念があるからね。

みんな、実は通信費の出費が高くなった分、ほかの何かを節約して、全体の出費はなるべく変わらないようにしてるんだ。この「やりくり」が存在しなければ——つまり、何かの出費が増えても他の出費を減らそうとしなければ、その時は、一部のモノの価格上昇にあわせて物価全体が上昇することになるだろうね。

高校生 言われてみれば、無駄遣いすると次の月は節約したり、いつも自然と調整してるかも……。

先生 つまり、確かに中国製の商品が増えたことで、その部分の物価は下がった。ただ日本人は、安価な中国製の商品で消費を抑えたとしたら、その浮いた分のお金をほかの何かに使うことが多いので、全体での消費額はさほど変わらなかった。

これが、「中国発デフレ原因説」が間違っているという根拠だよ。

生産年齢人口の減少がデフレを招く？

高校生　つくづく経済って、表面的に見ているだけではダメなんだと思い知らされました……。

先生　デフレの原因として、もう一つ日本で多く語られたのは、「生産年齢人口の減少がデフレの原因である」という説だ。「生産年齢人口」とは、「働く現役世代」とされる15歳以上65歳未満の人口のことで、最も消費を行う世代でもあるんだよ。

高校生　おじいちゃんおばあちゃんが増えると、デフレになるっていう発想なんですね？

先生　そう、高齢者が増えて現役世代が減ることで、消費が減り、物価の下落が生じるという内容だ。

この説を世に知らしめたのは、現在、日本総合研究所調査部主席研究員である藻谷浩介氏が著した『デフレの正体――経済は「人口の波」で動く』（角川ｏｎｅテーマ21）という本なんだ。この本は50万部を突破するほどの売れ行きを見せ、ブームを生んだ。

では、この説は正しいのか？　答えは「ノー」。これも明確に誤りだ。なぜかというと、次ページの図21を見ると分かるように、そもそも黒田日銀による金融緩和政策以降、日本の物価は上昇してデフレを脱し、緩やかなインフレの状態に突入しているからだよ。

ただ、残念なことに、２０１４年４月の消費増税で、インフレ率の上昇も腰折れしてしまったのも事実。それで、生産年齢人口の減少でデフレという誤った考えを今でも信じている人が少なくない。特にマスコミ。この話もまた後で詳しくするね。

図21　消費者物価指数総合（対前年同月比）の推移

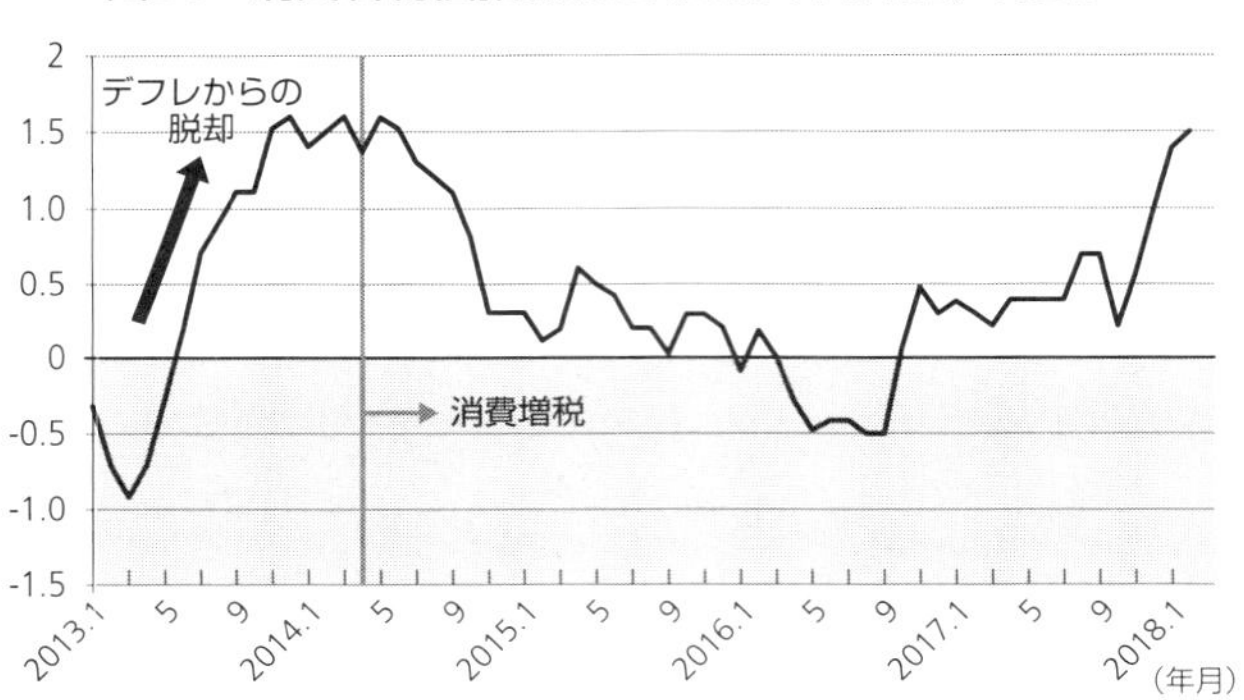

出所：総務省。2014.4〜2015.3までの間は消費増税による見かけの増加を除去

いずれにしても、もしもデフレの原因が「生産年齢人口の減少」にあるのだとしたら、インフレに転じた原因は、「日本の生産年齢人口が増加に転じたため」となるところだが、そんな事実はまったくないので、完全に棄却される説なんだ。

この説が間違いだった理由が、さらによく分かるのが次ページの図22だ。

この図を見ると、確かに生産年齢人口（15〜64歳の人口）はコンスタントに減少し続けているけど、黒田・岩田体制の金融緩和「黒田バズーカ」を実現させることになる安倍政権の発足以降、労働力人口と就業者数が増加に転じていることが分かる。

就業者数とは、正規・非正規を問わず職に就いている人の数だ。一方、労働力人口とは、15歳以上の人口のうち、実際に働いている就業者と求職中の失業者の合計のことで、分かりやすく言えば「働く意思のある

図22 就業者数、労働力人口、生産年齢人口の推移

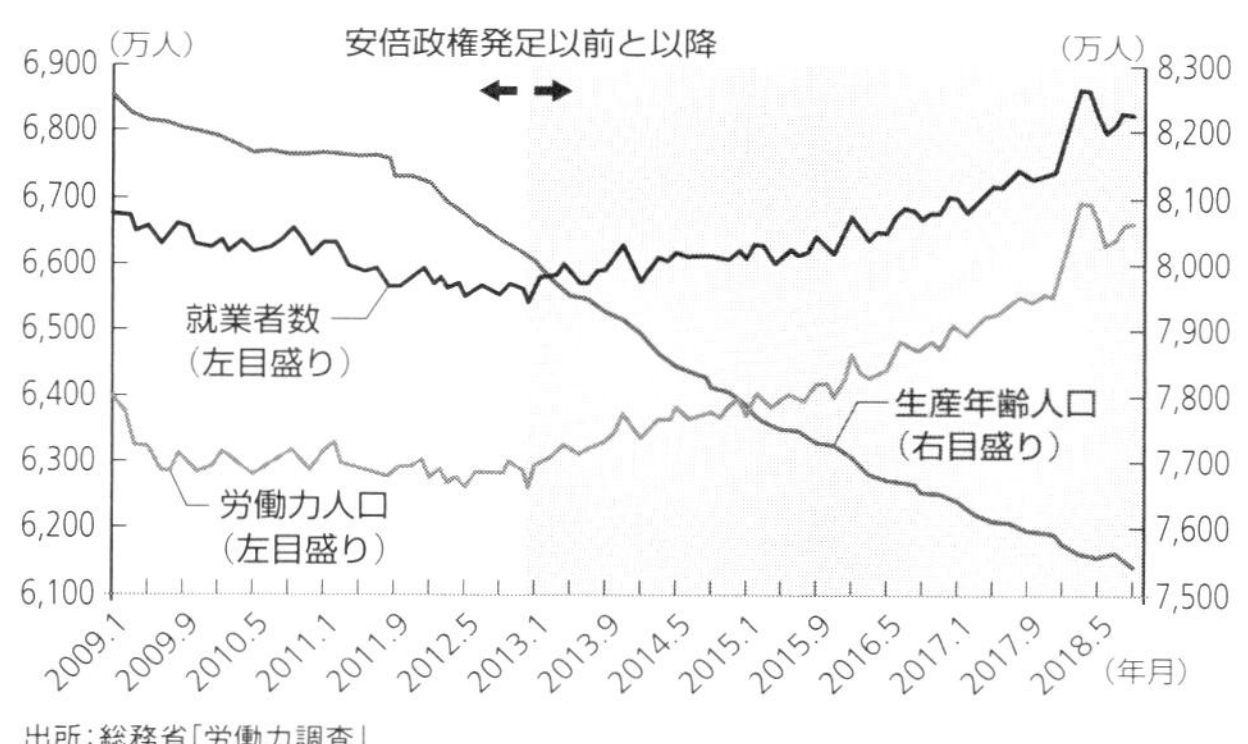

出所:総務省「労働力調査」

15歳以上の人の数」だ。

つまり、就業者数が増えたということは、「実際に働いている人の数」が増えたということだし、労働力人口が増えたということは、「働く意思のある現役世代」が増えたということなんだ。

高校生 みんな、働くモチベーションが高まってきてるんですね。

先生 黒田バズーカ以降、景気が回復して求人が増え、逆に人手不足が生じつつあるからね。不況の頃は、求職の意思を喪失していた人たちも、「需要があるのなら」と、働く意思を持ち始めたんだ。

高校生 あー……誰かに必要とされるって、やっぱり大事ですよねぇ。

先生 また、労働力人口が増え、就業者数も増えたということは、それだけ社会全体での収入が増えているということだ。収入が増えたら、お金を使いやすくな

る。すなわち、黒田バズーカ以降、物価が上昇傾向にあるのは、「人々の収入が増え、その分、消費と投資が増えたから」ってことだね。

藻谷氏が『デフレの正体』の中で言いたかったことは、「生産年齢人口が減少する結果、社会全体の収入が減り、社会全体の消費が減る結果、デフレが生じる」ということだったのかもしれない。だが、藻谷氏を含めた「生産年齢人口減少デフレ原因説」を支持する人たちは、「景気が回復すると、社会全体の収入が増え、結果消費も増える」という側面を見逃してしまっていたということになる。

誤ったデフレ原因説を支持した白川日銀総裁

先生　藻谷浩介氏が著した『デフレの正体』の発売以降、当時の白川方明日銀総裁は、しきりに「日本の低成長の原因は生産年齢人口の減少」と唱え始めた。本の内容から影響を受けたかどうかは定かではないが、誤った見解を吹聴していたのは事実だ。

高校生　えっ、そんな間違いを、政策を運営する側である日銀がしてしまったということですか？

先生　悲しむべきことに、そうなるね。さらに「生産年齢人口減少デフレ原因説」は、白川前日銀総裁以外にも多くの人が支持してしまった説だったんだ。

『デフレの正体』の帯に推薦文を寄せていたのは、当代人気随一のジャーナリストである池上彰氏だったし、何よりこの本は、2011年の「新書大賞」（中央公論新社主催）2位になり、2010年の「ベスト経済書」でも3位に輝いたからね。「新書大賞」の審査員は、「有識者・書店員・各社新書編集部・新聞記者など」で構成されており、「ベスト経済書」もまた、ダイヤモンド社の運営で「経済学者・経営学者・エコノミスト」が選ぶ、れっきとした賞だった。

高校生　めちゃめちゃ正論として受け入れられてるじゃないですかっ！　経済関係の間違いって、ある意味怖いですね。

先生　そう、間違った経済政策というのは、不況を長引かせることで人を自殺に追い込むほどの力を持っているので、本当に安直に考えてはいけないものなんだよ。

人口が減少するとデフレが起きる？

先生　また、デフレ原因説のもっとも単純なものとして「人口そのものが減っているから、デフレが生じている」という説もある。

高校生　人が減ると買い物する人が減るから、価格が下がる……。なんか、ありえそうな気がしますけど。

先生　この「人口減少デフレ原因説」は、日本に根強くあるんだけど、これも間違いだ。そも

図23　人口増加率とインフレ率

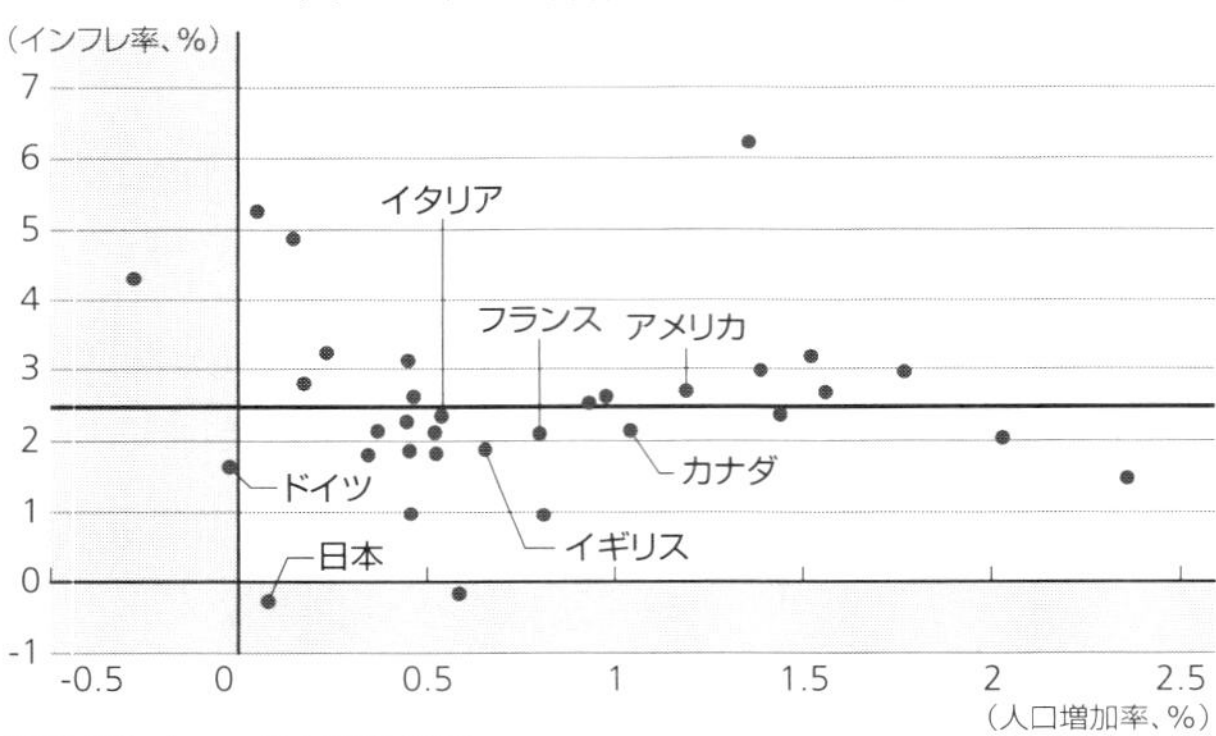

出所：IMF advanced34 2000-2009

そも黒田バズーカ以降、実際に日本で緩やかなインフレが起きた際、人口が増加に転じたという事実はないからね。

高校生　確かに！

先生　そして何よりも、「人口が減少するとデフレが生じる」という説が正しければ、人口が減少している多くの先進国において、物価が下落していないとおかしいよね。

　そこで、実際のデータを上の図23で確認してみよう。この図は、IMF（国際通貨基金）の統計に基づいて、先進国34カ国の人口増加率とインフレ率を表したものだ。

　ちなみに先進国とは、オーストラリア、オーストリア、ベルギー、カナダ、キプロス、チェコ、デンマーク、エストニア、フィンランド、フランス、ドイツ、ギリシャ、香港、アイスランド、アイルランド、イスラエル、イタリア、日本、韓国、ルクセンブルク、マルタ、オランダ、ニュージーランド、ノルウェー、ポルトガル、シンガポール、スロバキア、スロベニア、スペイン、スウェーデン、スイス、台湾、イギリス、アメリカが含まれるんだ。

結果、相関係数－０・０１と関連性はほぼなく、人口増加率とインフレ率は無関係の動きをしていることが分かる。

金融緩和をするとハイパーインフレが起きる？

先生　あとね、「大規模金融緩和を行うと、ハイパーインフレが生じる」という説も当時は根強くあったんだ。

高校生　ハイパーインフレ？　すごい強そうな名前ですね……。

先生　その印象通り、「ハイパーインフレ」とは、急激に進行する制御不能のインフレのことだ。この説を信じていた人は、黒田・岩田体制による大規模金融緩和が始まった時は、さぞ不安を覚えたことだろう。しかし、実際大規模金融緩和で、ハイパーインフレが起こっただろうか？　ご存知の通り、そんな事実は一切ない。つまり、この説も間違いだったんだ。

私は随分前から「大規模金融緩和によってハイパーインフレなど起こらない」と説明してきた。

黒田総裁が日銀の総裁に就任した時に発表したのが、「インフレ率2％を2年間で達成するために、マネタリーベースを2倍に増やす」という内容だった。2という数字が3回出てくるので特に印象に残ったと思うんだけど、中でも驚かれたのは、「マネタリーベースを2倍に増やす」という点だね。

高校生　それって、かなりすごいことなんですか？

先生　マネタリーベースとは日銀が供給するマネーの量そのもののことで、つまり金融緩和の量を2倍にすると言っていたわけだからね。当然「そんなに増やして大丈夫か？」「制御できないインフレが生じないか？」という声が上がったけど、私には何の驚きもなかった。

具体的な数字で言うと、日銀の発表文には、「マネタリーベースを138兆円から270兆円に増やす」と書かれていたわけだが、2年でそこまで増やすわけだから、1年分で見れば70兆円程度の増加になる。これでは、せいぜい2％程度のインフレしか起こらないことは分かってたんだ。

高校生　それも過去のデータから、検証できたということですか？。

先生　その通り。過去のデータを見れば、金融緩和の程度によって、どのくらいのインフレが生じるかが、予測できるからね。

例えば、日本では2001～2006年の間の量的緩和政策によって、マネタリーベースを

10兆円増やしたことで、予想インフレ率が0・3％程度上がっていた。それがリーマン・ショック以降は同じ10兆円の積み増しで、予想インフレ率が0・15％の上昇を見せている。そこから逆算すると、予想インフレ率を2％程度に高めるためには60兆〜80兆円のマネタリーベースの増加が必要になる。まさしく黒田日銀総裁が発表した70兆円と合致するのだ。

高校生　すごい！　ぴったりなんて天才じゃないですか。

先生　天才じゃなくても、金融政策の効果というものは、数字をちゃんと確認しておけば、かなりの精度で分かるものなんだよ。それができる人はうろたえる必要などなかった。

ちなみに、この数字を私が後出しでは言っていない証拠に、岩田規久男先生が安倍首相から副総裁就任の打診を受ける約一カ月前の2013年1月23日のダイヤモンド・オンライン上の記事（「ついに日銀がインフレ目標を導入1月22日政策決定会合の意味と効果」）において、「2％程度まで高めるためには、60兆〜80兆円のマネタリーベースの増加が必要になる」という計算を出しているよ。また、私のその分析は、岩田先生が日銀副総裁になる前に、直接岩田先生に伝えていた。そのことは、岩田先生が日銀副総裁を退官された後に書かれた『日銀日記』（筑摩書房）という本にも書いてある。

つまり「ハイパーインフレが起こる」「制御不能なインフレが起こる」と騒ぎ立てた人たちは、何の根拠もなく感覚だけで物を言っていたんだ。

これまでの日銀の愚策

先生　これまで「失われた20年」の大きな原因は、日銀による誤った金融政策にあることを証明してきたが、この章の最後に、それを裏づける衝撃的なデータを紹介したいと思う。

高校生　え、衝撃的なデータって、そんな、怖いです……。

先生　左の図24は、日銀が金融政策をとる際の指標となるコアコアCPIの推移だよ。黒田・岩田体制になる以前の日銀が、その時々でどのような金融政策をとってきたか、ひと目で分かるようになっている。

　ここから分かることは、コアコアCPIがプラスの領域に入ろうとすると――すなわち日本経済がデフレから脱しようとする度に、日本の金融政策を、ただ唯一司る存在である日本銀行が、「ゼロ金利解除」や「量的緩和解除」「CP・社債買入停止」といった、金融〝引き締め〟政策を行ってきたことが分かる。

高校生　うわあ……うまくいきそうになる度に、自分たちで潰してたってことですね。

先生　うん、国のためにデフレ脱却を目指す金融緩和政策をとるべきだったのが、逆にずっとデフレの最中に追いやろうとするかのような行動をとってきたんだ。

　結果、多くの自殺者を増やしてしまったのは前述の通りだ。

　なぜこんな凄惨なことが起きてしまったのか？　その検証は、後の章にゆずりたいと思う。

図24　コアコアCPI（前年同月比）の推移

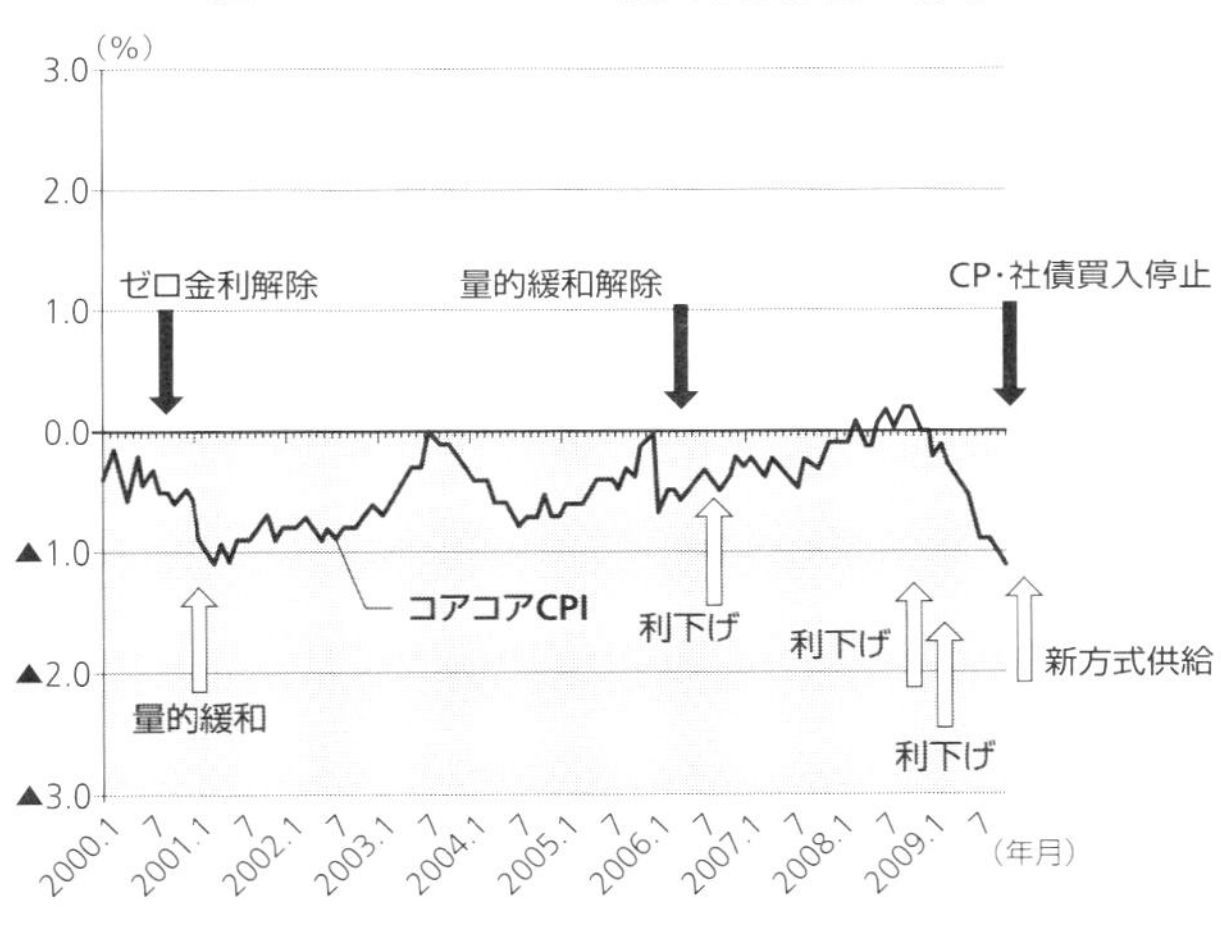

出所：日本銀行

高校生　今まで常識だと思ってたことにこんなに間違いがあったなんて……それに、不幸な人たちが大量に出てしまったというのは、すごくショックです……。

今後バブルが生じたら、どういう対応が必要か

先生　ちなみに「資産バブルを潰すために金融引き締め政策を行ってはいけない。その時に金融引き締め政策を行うと、景気や失業率などの実体経済の方を傷つけてしまう」という話を前にしたよね。

　それではバブルが起きた際、その国の中央銀行はどういう対応をとるのがベストだと思う？

高校生　えっと、金融引き締めはダメで、で

も金融緩和をすると余計バブルになるし……。なんだろう、分からないです……。

先生　バブルが生じた時の金融政策の正しい対応の答えは、意外だろうけど、「放置する」だ。

　もう少し厳密に言えば、一般物価、つまり消費者物価指数が、スタグフレーションを起こすぐらい上昇していたら、「消費者物価指数を適正な範囲内に収めるための金融引き締め政策を行う」のが正解だけど、消費者物価指数が適正な範囲内なら、バブルが起きていても、中央銀行が対応に当たる必要はないんだ。

高校生　バブルを放置するって、結構勇気が要りそうですね？

先生　心情的にはそうだろうけど、資産バブルを潰す目的で金融引き締め政策を行ってしまうと、一般の人たちの生活に直接関係する消費者物価指数を必要以上に下げることになってしまうからね。特に何もする必要がないと心がけておけば、１９９０年代前半に起きたバブル崩壊と同じ轍(てつ)を踏まずにすむんだ。

　ただ、もしも日本の80年代後半のバブル期のような法律違反みたいなことが発生したら、政府として金融政策以外で対処するのは当然のことだよ。

第2章 なぜ日銀の政策はうまくいっていないのか

図25　安倍政権発足6年後の雇用の改善状況

	安倍政権発足時	6年後
完全失業率	4.3%（12年12月）	2.5%（18年11月）
就業者数	6263万人（12年12月）	6709万人（18年11月）

安倍政権の経済政策は何点か

高校生　金融政策の失敗が「失われた20年」の原因だったことはよく分かったんですが、結局、期待されまくってた安倍政権の政策って、成功したんですか？

先生　それが、黒田日銀総裁が誕生した際宣言した、「2年間でインフレ率2％を目指す」という目標は、2年どころか約6年経った2018年になっても達成していないんだ。

高校生　ええっ、ダメじゃないですか！

先生　確かに「2年間でインフレ率を2％まで上げる」という基準では、それには失敗したとは言えるだろう。ただ、ほかの経済パフォーマンスを見ると、完全なる失敗だったかと言えば、まったくそうとは言えないんだ。

それは90ページの図16で示した、各種経済指標の改善具合を見ても分かるし、他にも上の図25で示した、失業率、就業者数の約6年間の変化を見ても分かるよ。これを見ると、雇用の改善が一目瞭然だ。

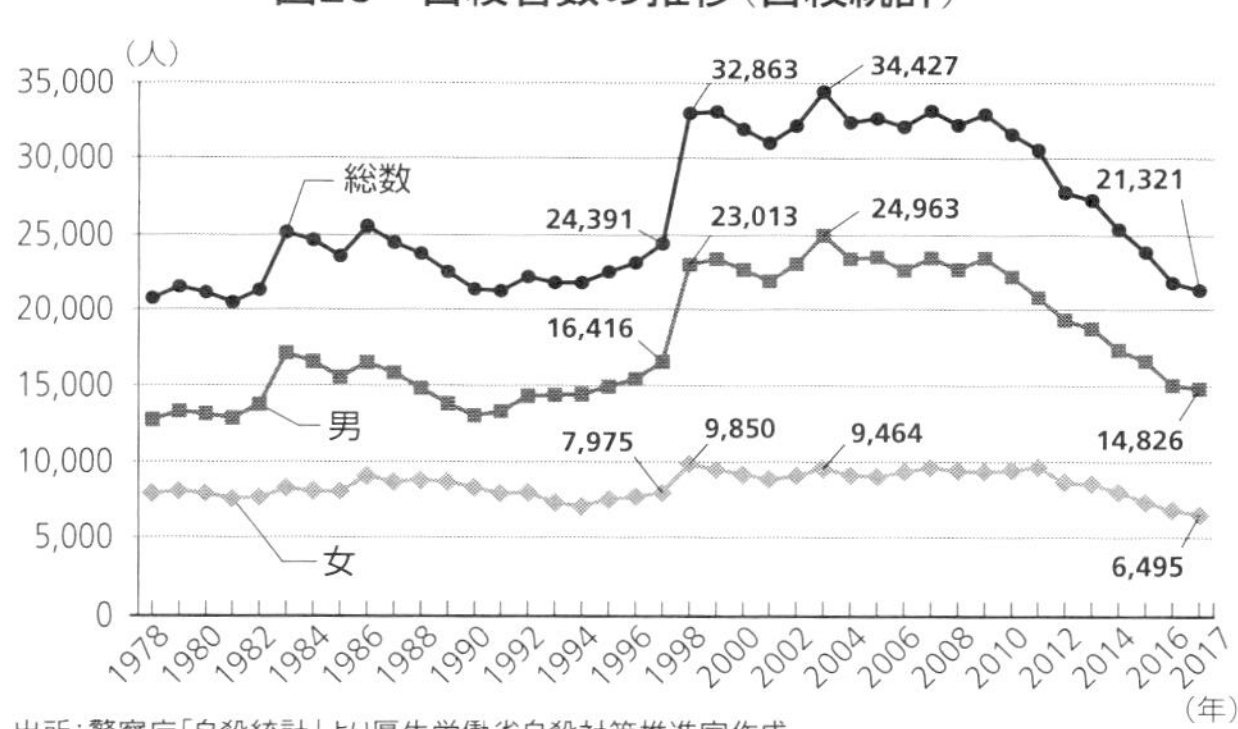

出所：警察庁「自殺統計」より厚生労働省自殺対策推進室作成

最も重要な自殺者数はどうかというと、それは上の図26を見て欲しい。

　２０１７年の段階で、２万１３２１人。１９９７年以降、３万４４２７人にまで増加していた自殺者数が、以前の水準にまで戻っているよね？

高校生　ほんとだ、ずいぶん減ってる……。

先生　総合すると、私は安倍政権の経済政策の点数は、２０１８年末時点で70点だと考えている。

高校生　70点。うーん、まあギリ合格ラインってことですね。

なぜ日銀の金融政策はうまくいっていないのか

高校生　でも、公約通り、インフレ率を２％に上げられなかったのはどうしてですか？　安倍政権に、何か誤算があったんですか？

先生　誤算というより、間違いがあったと言える。

図27　各期実質GDP増加額とその内訳

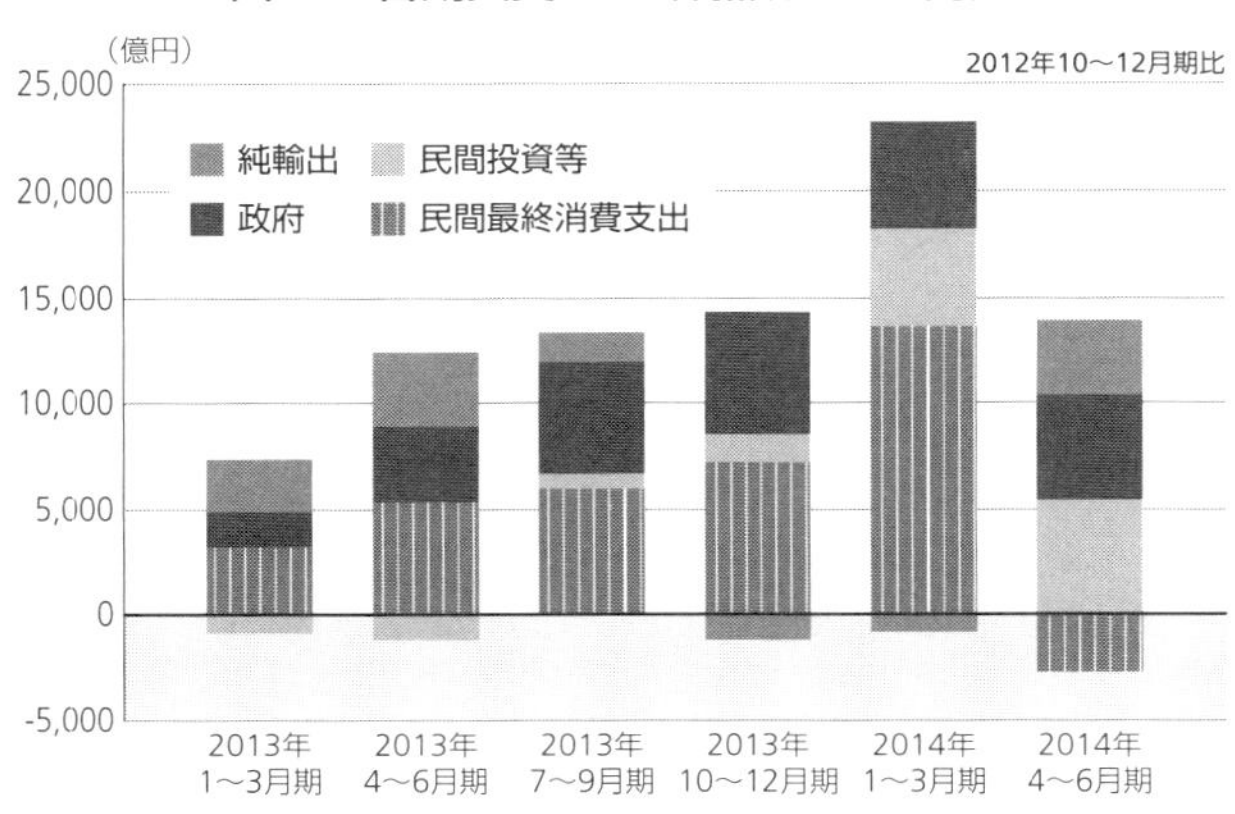

出所：内閣府「国民経済計算」

具体的には、安倍政権の経済政策は、発足時の２０１３年１月から２０１４年３月まではうまくいっていた。それが分かるのが上の図27だよ。日本の景気を示す実質ＧＤＰ増加額は、２０１４年３月まで、実に順調に伸びていた。

安倍政権発足により、久しぶりに日本経済は持続的成長の兆しを見せていたんだ。でも、２０１４年４月からその好調は腰折れしてしまっているよね。

それは左の図28で予想インフレ率の推移を示すＢＥＩの動きを見ても分かる。

高校生　うまくいってたのに、ダメになるって……２０１４年４月に何かあったんですか？

先生　それは前にも言ったけど、５％から８％への消費増税だ。

図28　予想インフレ率（BEI）の推移

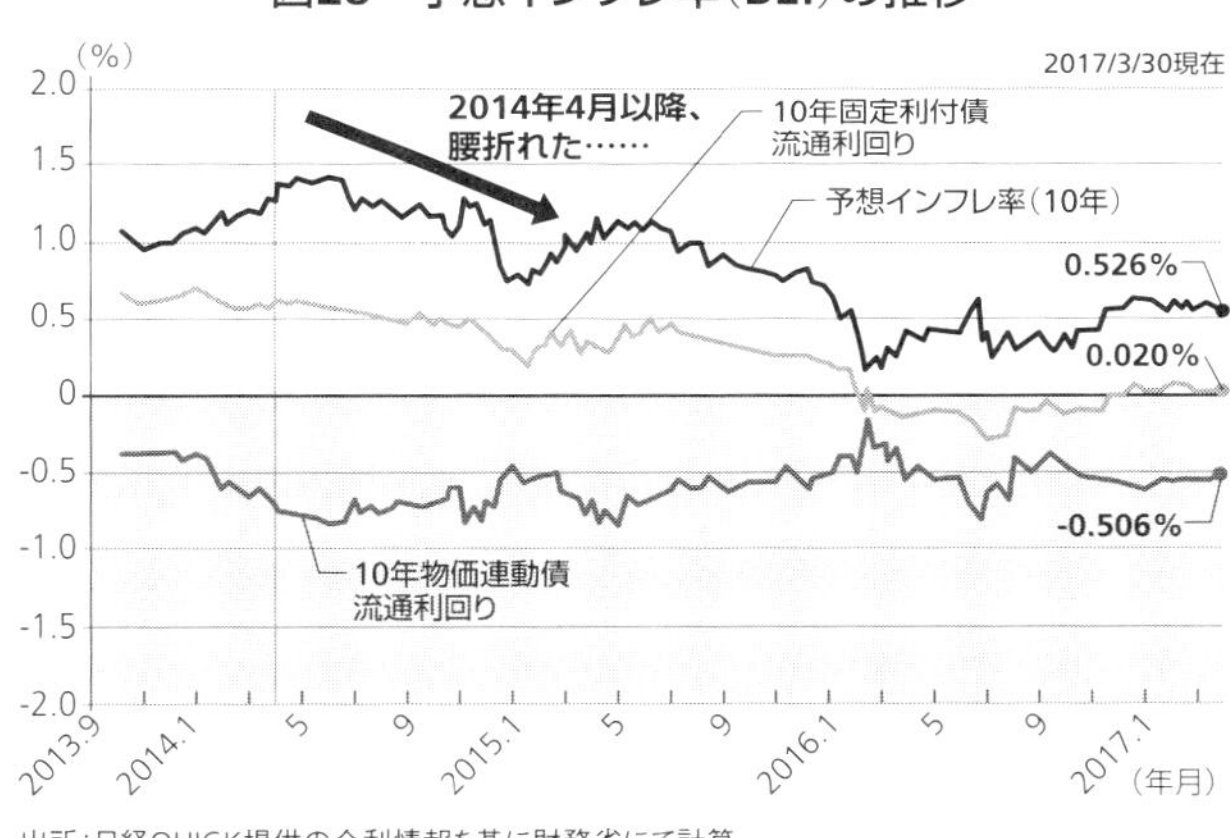

出所：日経QUICK提供の金利情報を基に財務省にて計算

財政政策とは何か

先生　消費増税という「財政政策」がなされたことで、上り調子だった景気の腰が折れてしまったんだよ。

高校生　ん？　財政政策……？　今までの金融政策とは、意味が違うんですか？

先生　そうか、その説明がまだだったね。経済政策には、日銀が行う金融政策の他に、国、つまり政府と財務省が行う「財政政策」があるんだ。

具体的には税率調整や公共事業を通して、景気の上げ下げを調整することだ。

例えば、景気が悪い時には公共事業を増やしたり税金を減らしたりするし、景気が過熱している時には、公共事業を減らしたり税金を増やしたりする。これにより、国内総生産であるＧＤＰを増減して、景気をコントロールできるんだよ。

高校生　公共事業って道路工事とかですよね？　どうして工事をしたら、国の景気がよくなるんですか？

先生　なぜ、公共事業を行うとGDPを増やせるかというと、「GDP」とは、すなわち「1年間に生み出された日本全体の利益の合計」であって、そこには「政府の投資」も含まれているからだよ。だから、政府の投資である公共事業を増やせば、GDPを直接増やすことになるんだ。整理すると、次のようになる。

GDP（国内総生産）＝一般企業の投資＋一般家庭の消費と投資＋政府の投資＋純輸出

高校生　でも、国のお金を使っているのに国の利益が増えるって、なんか不思議。

先生　公共事業が増えると、その事業に関わる企業の収益や人々の所得も増えるからね。つまり、儲けの連鎖をもたらすんだ。

高校生　なるほど！　単なる浪費っていうだけじゃないんですね。じゃあ、税金を下げると国のお金が増えるっていうのは、どういうシステムなんですか？

先生　例えば法人税の税率を下げると、企業が政府に納める税金の量が減るため、企業には資金的余裕が生まれる。その分、企業が投資を行うことによってGDPが増えるっていうわけだ。

高校生　そっか。浮いた税金分で、誰かが何かにお金を使ってくれるってことですね。

先生　いずれも景気回復に向けて、効果的に働きかけることができるものだよ。

2014年の消費増税がもたらしたもの

先生　では、安倍政権の経済政策の、何が間違いだったのか？　それは、景気がまだ回復途中であるにもかかわらず、消費税の増税を行ったことだ。

増税は、本来景気の過熱を抑制するための政策だ。しかし、景気がまだ上昇しきっていない2014年4月の段階で行ったことで、景気回復に水をさし、単なるマイナスの効果しかもたらさなかったんだ。

高校生　最悪のタイミングで、消費税をアップしちゃったってことですね。

先生　安倍政権が始まった当初の2012年の年末以降、日本のGDPは順調な成長を続けていた。政権開始時のGDPが約517兆円。これが、2014年3月には実に約535兆円にも達していた。ところが、2014年4月の8％の消費税率導入を境に、状況が一変した。2014年度第2四半期までに、GDPが一気に約14兆円も急落してしまったんだ。

その後も日本のGDPは伸び悩んだ。それと並行して、せっかく上昇していたインフレ率も、消費増税を境に腰折れしてしまっているのがよく分かるのが次ページの図29だ。

図29　消費者物価指数（総合CPI：対前年同月比）の推移

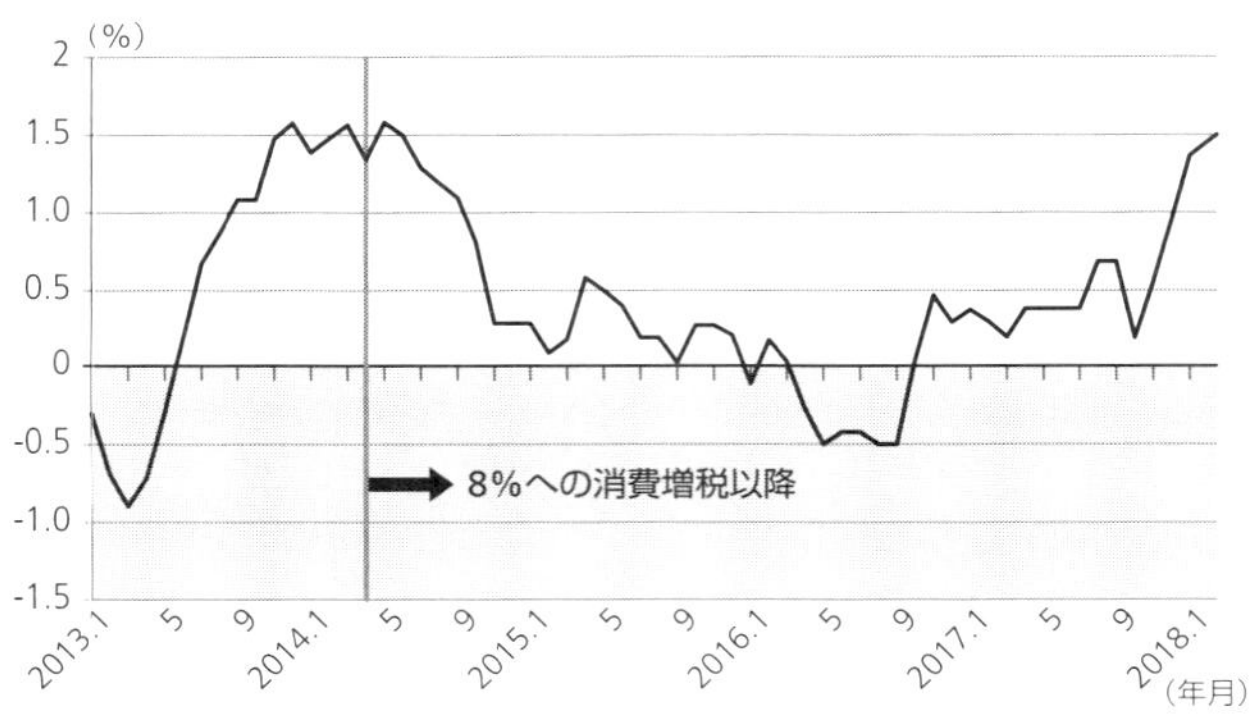

出所：総務省。2014.4〜2015.3までの間は消費増税による見かけの増加を除去

これは、消費者が購入する生活用品の価格変動を示す「消費者物価指数（総合ＣＰＩ）」の推移を表したものだよ。安倍政権の緩和政策以降、順調に上昇していたところを、２０１４年４月の消費増税前で急落したのが分かるよね。

高校生　ほんとだ、ガクッと下がってる！

先生　また、左の図30はインフレ率の推移に、私が試算した「消費増税がなかった場合」の予測値を加えたものだ。これを見れば分かるように、もしも消費増税がなければ、翌年の２０１５年夏頃には１〜１・５％のインフレが生じ、その年のうちに「デフレからの脱却」を宣言できていただろう。

一方、ＧＤＰに着目してみると、２０１４年３月に約５３５兆円に達し順調に伸びていたけど、消費増税後の２０１５年７〜９月期には約５３０兆円にとどまった。

図30　インフレ率（現実と予測値）の推移

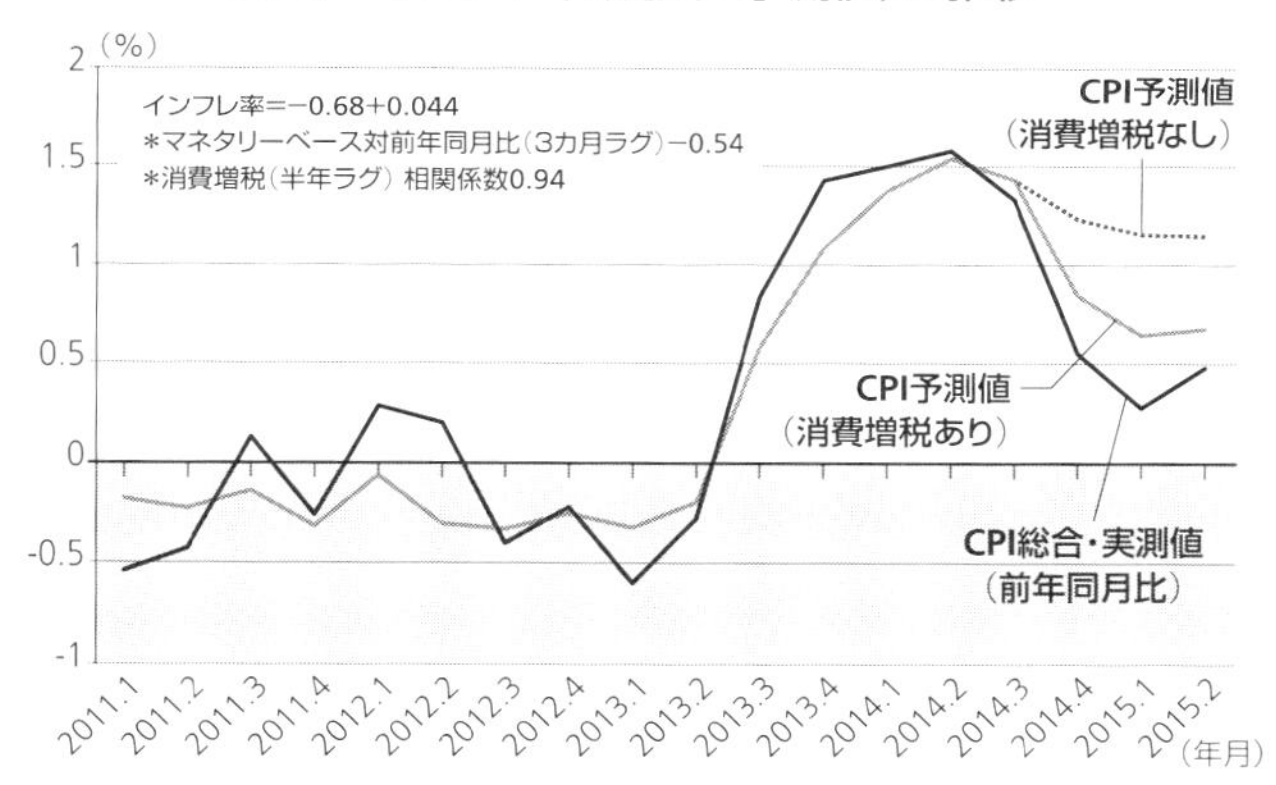

出所：総務省「消費者物価指数」。推計値は、マネタリーベース伸び率、GDPギャップから筆者試算

高校生　じゃあ、もし消費税アップがなかったら、どうなってたんですか？

先生　私の試算では、GDPはその後も右肩上がりの成長を続け、２０１６年２月ぐらいの段階で、５５０兆円の大台に乗っていたはずだ。この間に失われたGDPは、実に20兆円に上るんだ。

ＧＤＰ、すなわち国の利益は最終的に誰かの利益になることから考えると、この20兆円の損失は、イコール国民一人当たり約15万円の損失ということになる。

高校生　そんなに……！

先生　インフレ率の上昇が鈍化したのは、消費増税の影響が大きかったためで、増税をしなければ、安倍政権が公約した「２％インフレ目標」は、おそらく２０１５年度に実現されていただろうね。

イギリス経済も消費増税で失速していた

高校生　消費税アップって経済がピンチだからやるのかと思ってましたけど、なんか逆に経済をダメにしてません？

先生　確かに、消費増税が経済成長の妨げになっては元も子もないよね。

高校生　どうして日本だけ、うまく先読みできないんですか？

先生　イギリスも同じ経験があるよ。

55ページの図7で分かるように、リーマン・ショック後、イギリスは中央銀行のバランスシートを3倍程度拡大することで、不況の危機は脱したかに見えた。

でも、２０１１年１月、消費税率を17・５％から20％にアップしたんだ。この消費増税により、日本と同じように実質経済成長率は伸び悩んだ。それが分かるのが左の図31だ。

アメリカと比較するとよく分かる。イギリスは消費増税の前、アメリカと似たような推移だったけど、消費増税後、一気に差が出ているよね？　ちなみに、図31からは、リーマン・ショック後に金融緩和を行わなかった日本だけが長らく取り残されていたことも顕著だ。

高校生　消費税さえ上げなければ、いい感じだったのに……。

先生　こうして「失われた20年」と呼ばれた間に実施された「誤った金融引き締め政策」と同様、消費増税は最悪の政策だったと言える。

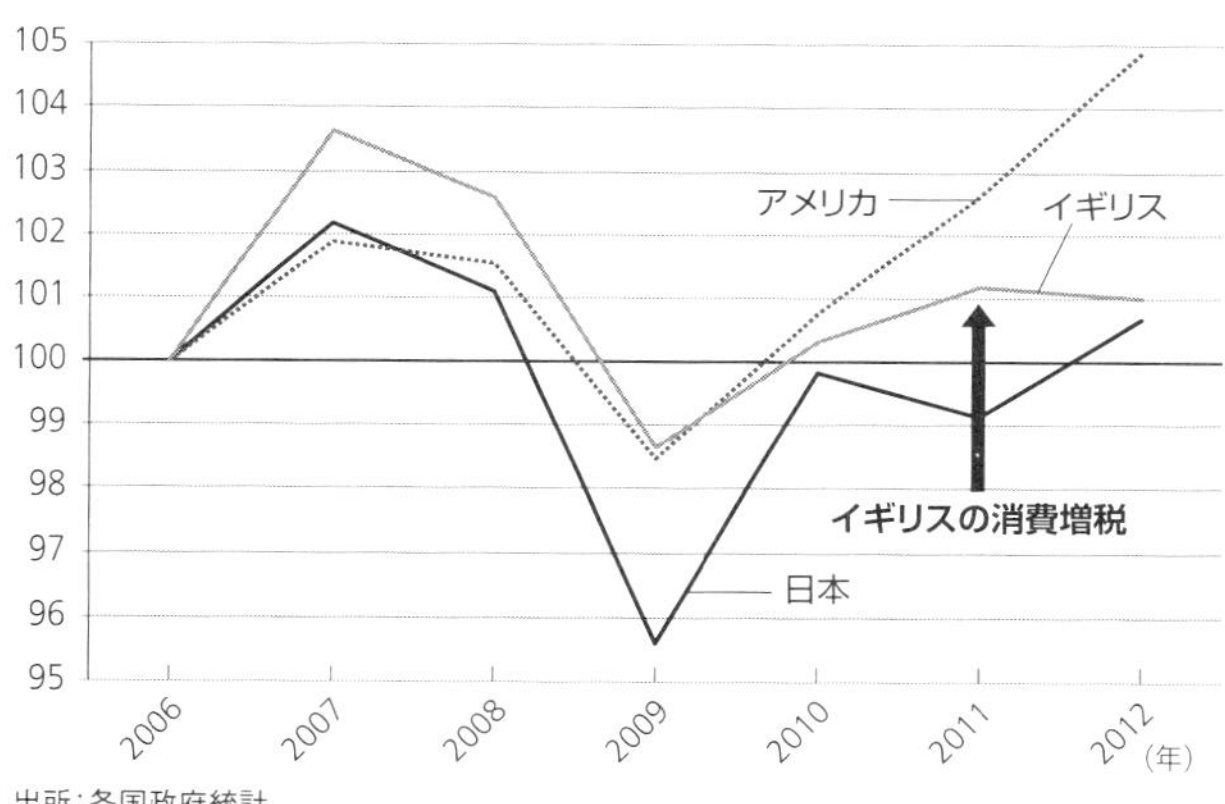

誰が自殺者を増やしたか

先生　それでも２０１４年の消費増税は、黒田日銀総裁による大規模金融緩和の最中に行われたため、負の影響があの程度で済んだんだ。

高校生　じゃあ、金融緩和がない時だったら、どれだけダメージを受けてたんですか？

先生　実は、過去に一度その例がある。１９９７年４月、３％から５％への消費増税が行われた時のことだ。その時、何が起きたかというと、翌年にかけて景気が悪化し、自殺者数が、２万４３９１人から３万２８６３人に、つまり８５００人弱も増加してしまったんだ。

もちろん、増加した自殺者のすべてが景気の悪化によるものとは言わないけど、自殺者数と景気の悪化が関連することは間違いないからね。

高校生　消費増税を決めた人は、すごい責任感じそう……。

先生　それが、当時のマスコミの多くは、景気悪化の原因が「アジア通貨危機の影響」と見ていて、消費増税についてはあまり触れなかったんだ。

高校生　アジアの通貨？　それが景気と関係あるんですか？

先生　詳しく言うと、アジア通貨危機とは、1997年の7月に、タイの通貨であるバーツが暴落したのを皮切りに、インドネシアやフィリピン、韓国、マレーシアなどでも一斉に通貨が暴落し、アジア全体が陥った大きな経済危機のことだ。

日本経済もこの影響を受けて景気が悪化したと言われたんだよ。

ただ、注目したいのは、日本と同じようにアジア通貨危機のあおりを受けた国々の景気がどう動いたかだ。アジア通貨危機に直接飲み込まれたタイ、インドネシア、フィリピン、韓国、マレーシアなどの景気が大きく腰折れしたのは理論上当然と言えるが、日本同様の関係性にある中国・台湾の経済も悪影響を受けたかどうか。

その答えを表しているのが左の図32だよ。

中国、台湾は、日本ほどの大きな影響は受けていないんだ。

つまり、日本だけ余計に下がっている分が、1997年から1998年にかけての日本経済が、アジア通貨危機〝以外の何か〟の作用があって、景気低迷に見舞われたということを示唆

図32　アジア通貨危機前後の各国の成長率の推移

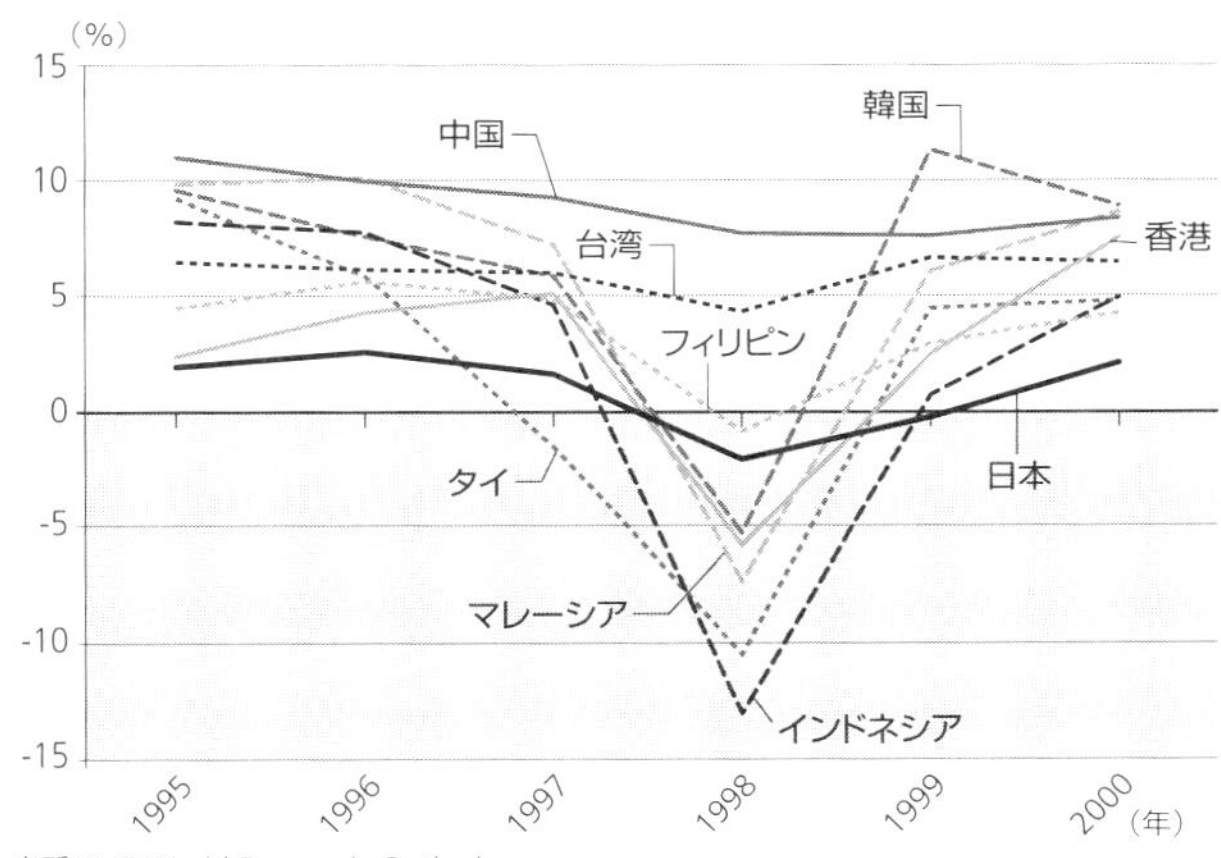

出所：IMF World Economic Outlook

している。

当時、アジア通貨危機以外に日本経済にマイナスの影響を及ぼす可能性のあったもの――それこそが、１９９７年に２％引き上げられた消費増税だ。

高校生　やっぱり！　しかも自殺者数を大幅に増やすなんて負のパワーが大きすぎますね……。なんだか泣きそうです。

先生　実は、１９９７年の経済不振について、消費増税ではなくアジア通貨危機のせいにしよう、というのは、当時の大蔵省の考えでもあった。

私は、その時大蔵省にいて、そうではなく消費増税が原因だといっていた。その時のデータが先に示したものだけど、そんなことを言うなと、当時の上司に止められた経験があるんだ。

正直に言って、その時の良心の呵責があるから、この話になると力が入っちゃうんだ。

つまり、バブル崩壊以降の「失われた20年」という未曽有の経済不況は、日銀による誤った金融政策に加え、政府・財務省による誤った財政政策によってもたらされたものだったんだ。

構造改革とは何か

高校生　先生、金融政策や財政政策のことはいろいろ分かってきたんですけど、そもそも、日本には構造改革が必要、っていうことを聞いたことがあります。これは日本の景気低迷には関係なかったことなんですか？

先生　それは、長い間マスコミが報じてきたことだね。日本の「失われた20年」は、金融政策や消費増税などの誤りによってもたらされたということに対し、「いやいや、そんな表面的なことが問題ではない。日本経済の成長が止まったのは、日本経済の構造に問題があって、構造改革によってそれらを直さなければいけない」という声が多くあがったんだ。

問題が起きた時に、根本的な何かに原因を求める気持ちも分からないでもない。

確かに日本経済には構造的な問題があるけど、それが日本の低成長の主たる原因かというと、それもまた間違いなんだ。

高校生　どうして、間違いなんですか？

先生　もちろん、構造的な問題を直せば、より日本経済は成長すると思うけど、いずれにしても、日本の低成長の原因が、「日本経済の構造自体に問題があったから」とするのは間違いだと言えるんだ。

まずもって黒田バズーカ以降、日本経済は実際に成長できたという事実でもって、その説を明確に否定できるよね。もし日本に何らかの景気が回復しない構造的な問題があったとしたら、黒田バズーカによっても日本の景気は回復しないはずだからね。

さらに論理的に考えるなら、そもそも構造改革が必要なのであれば、「失われた20年」の間に具体的にどんな構造改革が必要だったのか？　それを考えると、おのずと間違いだって分かってくるよ。

高校生　構造改革って具体的に何をするのか？　考えてみれば確かによく分かりませんね……。

先生　多くの人がイメージのみで捉えてきたものの典型が、「構造改革」という言葉だと思うんだ。しいて言えば、いわゆる構造改革の中身は、次の3つに大別される。

- **公的企業や特殊法人の民営化**
- **各種規制緩和**
- **地方分権の推進**

高校生　確かに、そういう話でした！

先生　受け入れるのは、まだ早いよ。経済に関することは、一見もっともらしく見えて、やっぱりよく分からないってことが多いからね。

　だから、この3項目がそれぞれどういうことなのか、ちゃんと検証していこう。

高校生　はい、よろしくお願いします。

先生　まず「公的企業や特殊法人の民営化」についてだけど、これは郵政民営化や道路公団民営化などを指すよね。なぜ「民営化」を推すかというと、国が運営していると「親方日の丸」と揶揄されるように非効率が生じるからだ。つまり、国家による運営は生産性が低いから、これらの事業を民間に委ねることで、無駄を省いて生産性を上げるのが目的だ。

　次の「各種規制緩和」とは、一般企業の規制を緩めようというものだ。国が決めているさまざまな規制で、企業の身動きが取れなくなっているため、非効率が生まれているという前提のもと、無駄な規制を取り払ったり基準を緩めたりして、経済活動の生産性を上げるのが目的だよ。

　最後の「地方分権の推進」というのは、地方自治体にできることはなるべく任せることで、行政の無駄を省こうというものだ。国があまりに多くの権限を持っていると、そこにも非効率が生じるからね。国が持っている権限やお金を地方に渡すことで、経済活動の生産性を上げることが目的なんだ。

高校生　ということは、全部が全部、「経済活動の生産性を上げる」という目的のためなんですね？

先生　そう、君は本当に鋭いね！　まとめると、構造改革とは「日本経済の生産性を上げるために行われるもの」なんだ。

高校生　じゃあ、構造改革はいいことですよね？

先生　確かに構造改革は、日本経済の生産性を上げるための「いいこと」ではある。ただ……。

高校生　ただ……、何ですか？

先生　ここで考えて欲しいんだけど、じゃあ「日本経済の生産性を上げる」とは何か？
答えを先取りすると、「日本経済の生産性を上げる」とは、つまり67ページ以降で説明した通り「潜在GDP」を「上げる」ということだ。

高校生　潜在GDPって、日本経済がフル稼働した時に達成できる経済成長率の上限のことだから……。そっか、日本全体の生産性が上がったら、自動的に潜在GDPも上がるということですね？

先生　その通り。そこでさらに考えなければいけないことは、じゃあ「日本の低成長の原因」

は何だったか？　それでは、ここで問題です。

日本経済が低迷していた、つまり不況に陥っていた原因は、潜在ＧＤＰが低下していたからか？　あるいは、それ以外の原因が問題だったのか？

高校生　69ページ以降の話ではそうじゃなかったですよね。日本の不況の原因は、消費や投資が減った結果、現実のＧＤＰが低下して、潜在ＧＤＰと現実のＧＤＰの乖離である「デフレ・ギャップ」の幅が増えたからであり、その幅が増えた分だけ失業者が増え、失業者が町に溢れた……っていうことで、正しいですか？

先生　大正解！　ここまでの話をよく理解できていて偉い。つまり、「日本経済の生産性を上げる構造改革が不十分だったから、日本経済が低迷していた」という説は、「日本経済低迷の原因は日本の潜在ＧＤＰが低下していることにあった」という説だ。

だけど、日本の潜在ＧＤＰはそれほど低下していなくて、そして何よりも、日本経済低迷の原因は、潜在ＧＤＰの低下〝ではなく〟て、現実のＧＤＰが低下したことであるから……、「日本の構造的な問題が日本経済低迷の主たる原因ではない」ということが分かってきたよね？

高校生　構造改革が必要って、あまりに当然のように言われていたのでビックリですが、そうなりますね……。

先生　結局、日本経済を「失われた20年」へといざなった要因、すなわちデフレ・ギャップの幅を増やし、消費と投資の減退を招いた原因は何だったのか？

その答えが如実に分かるのが、47ページの図5であり、答えは、「日銀の金融政策の誤りによりマネーストックが減り、その2年後に景気が悪化した＝日本経済が低迷した＝名目GDP増加率が低下した」となるよね。

高校生　すごい……、全部がつながっていますね！

先生　そうなんだ。だから私はずっと日銀による適切な金融緩和を求め続けてきた。

「日銀の金融政策の誤りが日本経済低迷の原因ではない」「日本には構造的な問題があるから、もう経済成長はできない」という説は、間違いもいいところで、日本経済を不幸のどん底に叩き込んでいた大きな原因になっていたんだ。

とはいいながら、ここからがちょっと複雑なんだけど、「日本の潜在GDPを上げる」ことはつまり、「未来の日本経済の底力を上げる」ということになるので、〝いいこと〟ではあるんだ。

そこでまとめると、不況時に日本がするべき正しい処置はこうだ。

まず足元の消費と投資を伸ばし、現実のGDPを増加させ、現実に起こっている日本の不況を止める「適切な金融緩和政策と財政政策」を行う。

そうすることでデフレ不況を抑制し、さらに並行して「日本経済の未来の底力である潜在GDPを上げるための適切な構造改革も進めていく」というのが理想なんだ。

第3章

「国の借金1000兆円」はやっぱり嘘でした

国の借金1000兆円？

高校生　今までの話で「なぜ日本経済がこんなに低迷していたのか？」はよく分かったのですが、でも、まだ日本経済には大きな問題があると思っていて……。

先生　うん。心配しているのは何？

高校生　日本にはすごい借金があるっていう話は、本当ですか？

先生　日本の「借金1000兆円」問題のことだね。

高校生　1000兆円って、まったく想像つかないです。大変なことですよね……？

先生　テレビや新聞では「日本の財政は危機的状況である」と伝えられているね。1092兆円から換算すると、863万円の借金が国民一人ひとりの肩に乗っている状態だとも言われてるからね。

高校生　国民一人863万!?　どうしてそんなことになっちゃったんですか？　やっぱり大変なんですね。私、それで夜も眠れなくなっちゃったんです……。

先生　ははは、よく分からないことって余計に怖く感じるからね。「幽霊の正体見たり枯れ尾花」って言う通り、幽霊かな？　って思ってる影の正体が何なのか分からないうちは、「怖い、怖い……」って思い続けなきゃいけなくなると思う（笑）。

高校生　笑いごとではないですよ！　私、心配性なこともあって、将来が本当に不安なんだから……。

先生　ごめんごめん、申し訳ない。お詫びと言ってはあれだけど、じゃあここからは、「日本の借金は実は絶望的な話ではない」という話をしていくことにしよう。

高校生　え、絶望的な話ではない……ですか？

先生　そう。だからそんなに怖がる必要はないよ。一つひとつ幽霊の正体を解き明かしていくことにしよう。

高校生　よろしく……お願いします！

先生　最初に考えたいのは、「じゃあなぜ失われた20年という間に、日本の財政赤字の問題がこんなに問題視されるようになったのか？」だね。

答えは、「失われた20年」と呼ばれた間に、次の2つのことが同時に生じたからだよ。

①景気が悪化した結果、国の収入である税収（歳入）が減った

②景気を下支えするために、国の支出（歳出）である公共事業等の景気対策（財政政策）が増えたが、その財源として国債が大量に発行された結果、国の借金の総額（国債残高）が膨大なものになった

それで財政が悪化し、「これ以上の財政赤字の悪化を防ぐために消費増税は不可避」という報道がされ続け、実際１９９７年と２０１４年に消費増税が執行されたんだよ。

高校生 そんな状態なら、やっぱり消費税アップは仕方なかったんですね……。

先生 そういうイメージだよね。でも、前にも言ったけど、私は物事を決して印象では語らず、当然とされていることを、しっかりデータで分析することで真実を明らかにしていきたいんだ。

高校生 じゃあ、報道されてきたことが、すべて正しいわけじゃない？

先生 そうだね。まず私が主張したいことは、「国の借金を返すために、まだ不景気が回復していない段階で消費税を上げるのは誤り」ということだ。

高校生 でも、消費税を上げてお金を集めなかったから、日本の借金が増えちゃったんじゃないですか？

先生 実際はその逆だったんだよ。さっきも話したけど「日本は消費税を上げてきたからこそ、国の財政状況が悪化してしまった」と言えるんだ。まず左の図33を見てごらん。

この図から分かることは、バブルが崩壊して以降、プライマリーバランスが一貫して悪化傾向にあったということだ。

高校生 プライマリーバランス……ですか？

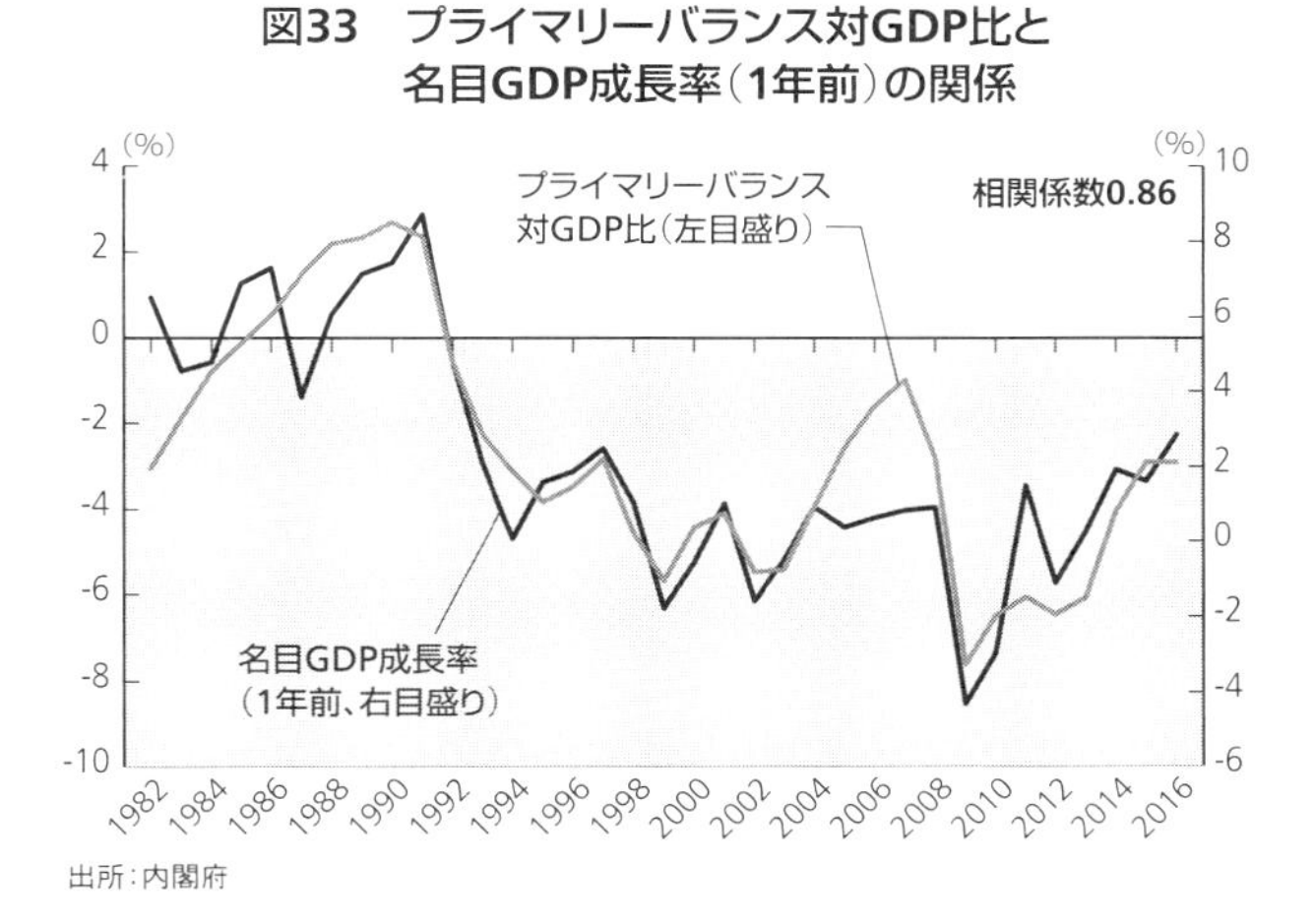

先生　「プライマリーバランス」とは「基礎的財政収支」とも呼ばれ、国や自治体の財政の健全度を表す指標なんだよ。単純に言えば、プライマリーバランスが黒字であれば財政赤字は減っていき、赤字であれば財政赤字が増えていくものだよ。

具体的には、次の式で表されるんだ。

プライマリーバランス＝税収－（国の借金返済関連費を除いた）国の支出*

＊　この場合の（国の借金返済関連費を除いた）「国の支出」とは、「国の支出全体から国債などに満期が来た時に元本を払い戻す資金（国債の償還費）や国債についた金利を払う費用（国債の利払い費）を除いたもの」＝「社会保障費＋公共事業費＋教育・科学費＋国防費＋地方交付税交付金等」

つまり、プライマリーバランスとは、政府が公共事業費や社会保障費などに毎年使うお金である「国の支出」を、税収からどれだけ賄えているかを示すものなんだ。

高校生　学校の部活でいうと、部費が決められた範囲内に収まってるかどうか、ってことですかね？

先生　まさにそういうことだね。税収より国が多くのお金を使っていれば赤字であり、逆に、少ないお金しか使っていなければ黒字ということになるんだ。

高校生　でも、赤字になってお金が足りなくなった場合はどうするんですか？

先生　その時は、国債の発行、つまり借金によって補われるんだ。つまり、赤字が続けば続くほど国が返さなければいけない借金の額、つまり財政赤字が増えていくことになる。

逆に黒字が出た時は、そのお金が借金返済にあてがわれるから、財政問題は解決に向かうことになるね。だからプライマリーバランスは、財政の健全度を表す大切な指標なんだ。

高校生　じゃあ、プライマリーバランスを黒字にするように、政策を立てないとダメなんですね。

先生　まさに「財政赤字を解消し、健全な財政状況を築くために」という目的で、日本では消費税が１９９７年４月１日に３％から５％に引き上げられ、２０１４年４月１日に５％から８％に引き上げられたんだ。

しかし、予想に反してプライマリーバランスは悪化傾向に動いてしまった。

改めて図33を見てごらん。これは、バブル崩壊以降の日本の名目GDP、すなわち名目国内総生産の成長率（1年前）とプライマリーバランス対GDP比の推移を描いたもので、通常この2つがほぼ連動して動くものなんだ。

この図を見れば、名目GDP成長率が低下していて景気が悪化傾向にあった中で、2度の消費増税がさらに景気に追い打ちをかけたと一発で分かる。その結果、税収の基礎となる名目GDP成長率が減り、プライマリーバランスが悪化したんだ。

高校生　え？　改善させようとして行った消費税アップによって、何で逆にマイナスになっちゃったんですか？

先生　そもそも景気が悪化すると、全体の税収が悪化する傾向にあるからだ。

まず、税収とは「所得税」「消費税」「法人税」という3大要素から成り立っていて、具体的な内容は、概念的には次のようになる。

・消費税収＝総消費量×消費税率

※消費税からの税収とは、総消費量に、その時の税率をかけたものである。そして総消費量は景気が悪化すると減るので、消費税収自体が減る傾向にある。

ただし消費には恒常性があるので、個人の所得や法人の利益ほどには激しく増減はしない

・所得税収＝個人の所得の合計×所得税率

※所得税からの税収とは、個人の所得の合計に、その時の税率をかけたものである。そして個人の所得は、景気が悪化すると減るので、所得税収自体が減る傾向にある

・法人税収＝法人の総利益×法人税率

※法人税からの税収とは、法人の総利益に、その時の税率をかけたものである。そして法人の総利益は、景気が悪化すると減るので、法人税収自体が減る傾向にある

このように景気が悪化すると、3つの税収は減ってしまう傾向にあるものなんだ。

実際、バブルの崩壊以降、税収全体が減り、プライマリーバランスが悪化傾向にあった。その状況で消費税の税率を上げると、消費税収のみは増えるかもしれないけど、景気の悪化に拍車をかけてしまい、所得税や法人税、つまり〝税収全体〟がさらに減少してしまうんだ。

高校生　えっ、消費税の増税によって税収を増やそうとしているのに、税収全体が減るなんてことがあるんですか？

図34　税収の内訳と推移

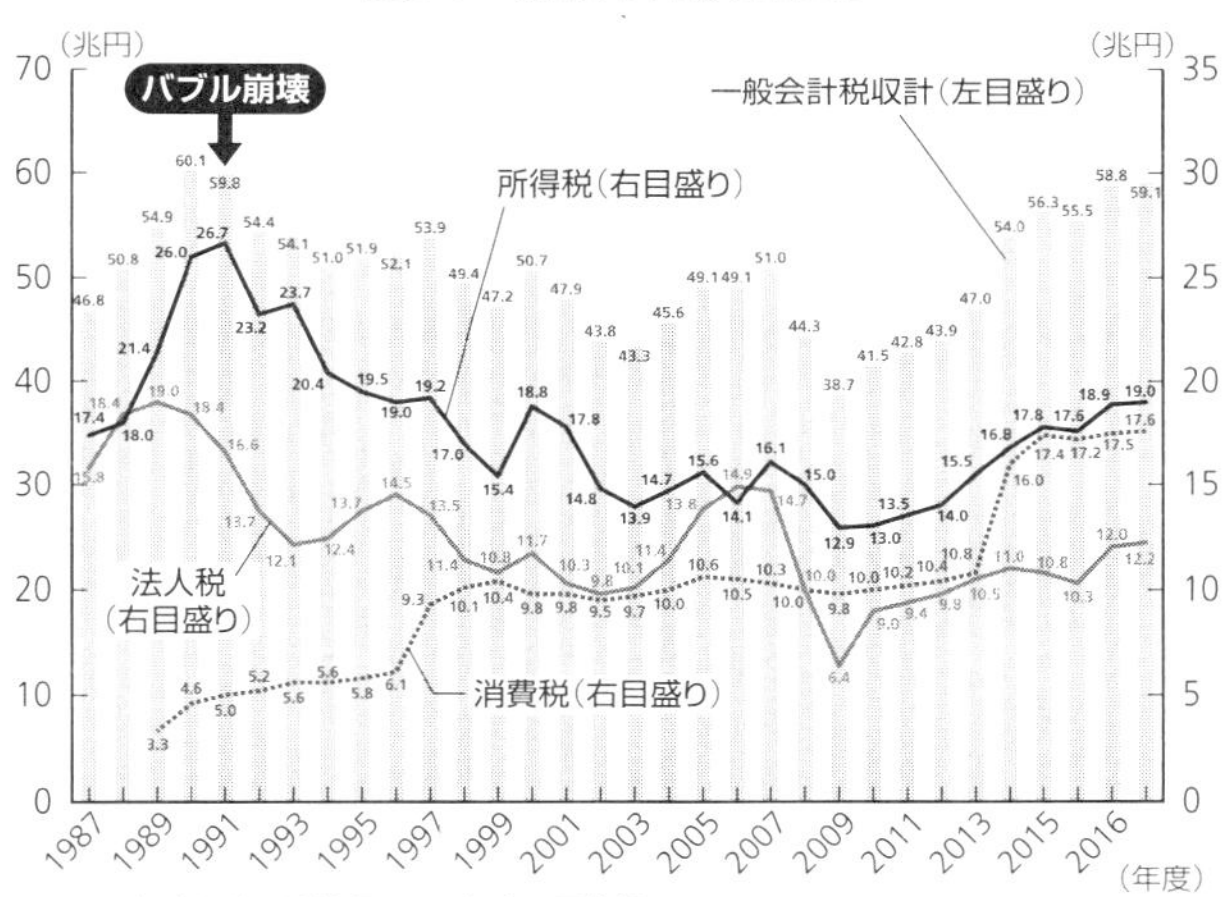

注：2017年度以前は決算額、2018年度は予算額である。
出所：財務省

先生　それが分かるのが上の図34だ。

この図は、バブル崩壊前後から現在までの、「消費税収」「所得税収」「法人税収」と「税収全体」の推移を表したものだよ。

バブル崩壊から一貫して景気が悪化傾向にあった2009年度までの期間において、消費税収だけは増えていて、特に1997年の増え幅が顕著だ。

一方、所得税収と法人税収は傾向として減り続けている。その結果、本来最も重要な「税収全体」が、差し引きで、如実に減り続けてしまっていたのが分かるよね。

これは、1997年の消費増税によって、消費税収だけは増えたが、景気低迷のために所得税収と法人税収が減ってしまったことが原因なんだ。

実際に消費税の増税がどのぐらい景気に悪影響を及ぼすかというと、消費税率3％の増税で経済成長率が1％程度低下するというほどの負のインパクトを持っているんだよ。

高校生　消費税を増やしたせいで、景気を悪化させて逆効果になっているなんて、ショックすぎますよね……。

正しい金融政策とは

先生　バブル崩壊以降の景気後退は、日銀と政府・財務省という2つの組織によってもたらされたものだというのは、もうよく分かったかな？

高校生　えっと日銀の間違った金融政策に、消費税アップ……。経済政策って、私たちが思うより、ずっとうまくいってなかったんですね。

先生　ここで「失われた20年」の間に、日本経済を苦しみへと誘った政策をまとめてみよう。ザックリ次の7つが挙げられる。

1989年：バブル時の必要以上の金融引き締め政策
1990年：バブル崩壊後、発動の遅れた金融緩和政策
1997年：消費税5％へ増税

２０００年：ゼロ金利解除（金融引き締め政策）
２００６年：量的緩和解除（金融引き締め政策）
２００８年：リーマン・ショックでも金融緩和政策をせず
２０１４年：消費税８％へ増税

高校生　こうして見ると、不況が長引いたのも納得ですね……。

先生　これまでの間違いを教訓に、今後は日銀と政府・財務省が、正しい金融・財政政策運営を行うことが大切なんだ。

高校生　今からでも、日本の景気を立て直して、黒字化することはできるんですか？

先生　正しい政策を行えば、それは存外難しいことじゃないと思うよ。

その兆しが見えるのが、１４５ページの図34だ。改めてこの図を見ると、２００９年以降、特に２０１３年以降は、それまでとは反転し、税収全体が増加し始めて、その伸びが現在まで続いていることが分かるよね。

高校生　本当ですね、確かに税収全体が増え出してる！

先生　その説明はこうだ。小泉政権時代、日銀は政府の説得に応じて、完全には足りないまでも金融緩和をしていた。この緩和が２００６年前半まで継続された。その金融緩和の累積効果によって、２００７年までは景気がよく、財政収支も好転したんだ。

　ところが２００７年にリーマン・ショックが起こって一転、税収全体も一気に減ってしまった。その後の２００９年から回復し始めているのは、「死んだ猫も叩きつけると跳ね返る」（英語でdead cat bounce）と言われている通り、暴落レベルで経済が大きく落ち込んだ後には、自然と少しは景気が戻るからだ。つまり、この時の回復は本格的な力強いものではなかったんだ。

　そのことは、所得税収の動きを見るとよく分かるけど、２０１３年以降は、伸び率がリーマン・ショック直後とはまったく違うレベルの大きな伸び率になっている。すなわち本格回復に入っている。これは、２０１３年以降の伸びが黒田バズーカという名の本物の金融緩和による伸びであり、ついにリーマン・ショック前の水準を抜いたということだ。

　時々、日本経済は、黒田バズーカがなくとも、リーマン・ショック後から成長したという人がいるけど、それは金融緩和をせずとも「死んだ猫が跳ね返る効果」があったからに過ぎなかった。結局、跳ね返っても黒田バズーカの発動される２０１３年までは、リーマン・ショック以前の水準まで戻りきらなかったのはご覧の通りだよ。

　ただ、この動きをさらに分かりにくくしているのが、２０１４年の消費増税なんだ。

　逆にいえば、消費増税をしても、まだ成長しているということは、もし増税していなかったら、日本経済はものすごい回復を見せただろうということなんだ。

いずれにしても2014年に消費増税があったため、所得税収と法人税収の増加率は鈍化してしまったけど、正しい政策を行いさえすれば、日本経済の回復の見込みは十分あるというわけだ。

高校生 希望はまだあるということですね！

なぜ日銀、政府・財務省は間違ったのか

先生 今後のためにも、なぜこれまで誤った政策運営がとられてきたのか、今一度考えてみよう。そこには、次のような間違った認識があったからだと思われる。

・デフレをいいことだと思ってしまった（いいデフレ論）
・金融緩和は物価を上げる効果はないと思い込んでしまった（金融緩和無効論）
・金融緩和を行うと、ハイパーインフレが起こると考えてしまった（金融緩和即ハイパーインフレ論）
・デフレの原因を、中国からの安価な輸入品の増大のためだと思ってしまった（中国発デフレ論）

・日本の低成長の原因を、生産年齢人口の減少だと考えた（生産年齢人口減少デフレ原因論）

そして悲しいかな、こういった「間違った論説」の〝すべて〟を、それぞれの、当時の日銀の総裁たちが支持してしまったんだ。実際に私はその証拠となる発言集を保存しているけど、長くなるからここでそれは出さないことにするよ。

ただ、それまでの日銀総裁には、バブルを潰した第26代日銀総裁・三重野康氏以降、松下康雄氏、速水優氏、福井俊彦氏、白川方明氏と、金融緩和に消極的な人物ばかり就いてしまったんだ。

高校生　え、黒田総裁以前の日銀総裁全員が、そんなに間違った説に立っていたということなんですか……？

先生　そうなんだ。歴代の日銀のトップの座にあった人々が、ことごとく誤った経済認識を持っていたんだ。それゆえ行われたのが、115ページの図24で紹介した通り、「インフレ率がプラスの領域まで回復しようとする度に実施された金融引き締め政策」だったんだよ。

なぜ財務省は間違ったのか

高校生　日銀のトップの人たちがことごとく間違っていたっていうのも衝撃ですけど、でも、消費増税のタイミングを間違えたのは財務省の人たちなんですよね？　財務省の中にも、日銀同様、間違った認識があるってことですか？

先生　財務省の場合、経済分析と将来推計――すなわち財務省の考える原因と結果自体が、間違っていたと言えるよ。

高校生　財政政策を司る財務省のほうも間違っていたんですね……。

先生　それを如実に確認できるのが、２０１０年６月22日に閣議決定された「財政運営戦略」と、２０１１年５月30日に財務省と内閣府が提出した「社会保障・税一体改革の論点に関する研究報告書」だ。

高校生　財政運営戦略と研究報告書？

先生　当時の菅直人内閣が財務省の意向を受けて閣議決定した「財政運営戦略」、菅政権下の財務大臣だった与謝野馨（かおる）氏が取りまとめを指示した「社会保障・税一体改革の論点に関する研究報告書」。この２つを大きなきっかけとして２０１４年に消費税が８％に引き上げられ、さらに２０１９年の10月に10％まで上げられようとしているんだよ。

つまり消費増税に関して財務省が何を考えていたかの骨子は、この２つの中身を見れば分かるようになっているんだ。

高校生　具体的に何が書かれていたんですか？

先生　例えば、消費増税論議の最初の入口になった閣議決定「財政運営戦略」には、次のように書かれている。

「我が国の財政は、税収が歳出の半分すら賄えず、国及び地方の長期債務残高も今年度末には対GDP比181％（うち普通国債、地方債、交付税及び譲与税配付金特別会計借入金の合計である公債等残高は171％）に達し、OECDの統計においては純債務残高も本年末にはGDP比で100％を超え、さらに、これらは拡大し続けると見込まれている。

このような状況を放置して、（略）国債市場における我が国の信認が失われ、その結果、金利が大きく上昇し、財政が破綻状態に陥るようなことがないようにしなければならない」

つまり債務残高対GDP比が膨大なことになっていて大変で、このままいくと財政破綻が起きるということだ。「債務残高対GDP比」とは、日本の借金の額・債務残高が、日本が1年に稼ぐ利益であるGDPの何倍になっているかを示す数字で、例えば、「その借金を全額返すとしたら、何年分の利益を充てなければいけないか？」が分かるので、「借金の危険度」を示す数字とされているんだ。

ちなみに2016年度末時点での日本の債務残高、つまり国債と地方債の保有額は1056

兆円で、債務残高対ＧＤＰ比は１９６％だよ。

高校生　きわめてまともな話に思えるのですが、何か問題でもあるんですか？

先生　それが大いに問題があるんだ。まず日銀が「大規模金融緩和を行うとハイパーインフレーションが起こる」と主張していた時と同様で、具体性が見えない点だ。

日銀の言説も結局、「じゃあどうなればハイパーインフレが起きるのか？」という具体的視点を持たずに、「危ない」というイメージだけで語り、自ら八方塞がりになっていた。

でも、実はちゃんと検証すれば、「ベースマネーを２倍に増やすだけでは、２％程度のインフレしか起こらない」ということは事前に分かることだったんだ。

高校生　実際に、大規模金融緩和を行っても、ハイパーインフレは起きなかったんですよね。

先生　それと同じことで、「債務残高対ＧＤＰ比があまりに大きいので日本は財政破綻する」という説に対し、「じゃあ具体的にはどうなれば財政破綻や国家の破産が起こるのか？」と考える必要があったんだ。

これも後で詳しく説明するけど、実は私は、財政破綻が起こる確率を計算していて、５年以内で１％に満たないと知っていたんだ。これを事前に分かっていたから、財政破綻という嘘にはだまされなかったんだ。

高校生　日本銀行と同じく、きちんと計算せずに、憶測だけで決めたっていうのが、財務省の間違いのポイントだったんですね。

国の借金1000兆円をどうするか

高校生　でも、日本に1000兆円も借金があるのは本当なんですよね。それってやっぱり大変なことですよね。

先生　借金をゼロにする必要があるなら、そうかもしれないね。

高校生　え、借金はなくさないといけないんじゃないんですか？　それに一人当たりに置き換えると863万円の借金って……。やっぱりすごくやばそうな気がするんですけど……。

先生　確かに、個人であったら借金はないほうがいいし、なるべく早く返したほうがいい。しかし、政府の借金はそうではない。むしろ政府の借金は「あったほうがいい」といっても過言ではないんだ。

高校生　借金なのに、あったほうがいい？　どういうことですか!?

先生　「政府」を「企業」に置き換えて考えてみると分かりやすいかもしれないね。あくまでも、たとえるのは「個人」ではなく「企業」だ。企業というのは、大体自己資金だけで起業などできないので、銀行などからお金を借りる。そして起業した後も、ずっとお金を借り続けるのが普通なんだよ。そのお金で、新しい機械を入れたり、多くの人を雇ったり、自社ビルを建てたりして、商売を広げていくためだ。こうやって、いろんな企業が銀行からお金を借りて商売を広げることで、お金が多くやりとりされ、経済が活性化するんだよ。

それでも借金を否定し、「銀行からお金を借りない企業のほうがいい」という人は、もう少し考えてみて欲しい。例えばニュースで「○月〜×月の設備投資△％減」「設備投資復調、○月〜×月の機械受注△％の大幅増」といった文言を目にするとする。これは、景気動向の一つの目安で、設備投資の増減で、企業活動の規模が拡大しているか縮小しているかが分かるんだ。

つまり、多くの企業が銀行からたくさん融資を受けて、活発に設備投資をしているわけで、もしも一切借金をしなくなったら、ただただ経済が縮小していくことになるんだよ。

例えば、日本全体の一般家庭の家計と企業の財務状況を、2018年3月末で見ると、次のようになっているよ。

家計部門：資産1829兆円で、負債は318兆円の資産超過（黒字）主体

企業部門（民間非金融法人企業）：資産1178兆円で、負債1732兆円の負債超過（赤字）主体

要するに、一般家庭で言えば、借金がない黒字の状態が普通だが、一般の企業でいえば、逆に借金がある赤字の状態が普通ということなんだ。

高校生　国は企業のモデルと近いから、国の借金があること自体、フツーだってことですね。

先生　その通り。大手有名企業だって、どこも負債を抱えているからね。

実際の企業の連結債務残高を従業員一人当たりで見ると、実はこうなっているんだ。

トヨタ自動車：従業員一人当たり0・8億円の借金
三菱ＵＦＪ銀行：従業員一人当たり25億円の借金
日本経済新聞社：従業員一人当たり1億円の借金

高校生　一人当たり億単位って、すごいことになってる……。

先生　ただこれを見て、トヨタに対して「従業員一人当たり0・8億円も借金をしていて危ない！」なんて言ったら笑われてしまうよね？　それと同じで国の借金を「国民一人当たり」なんて表現するのは、おかしなことなんだよ。

だから「政府の借金」を「個人の借金」と混同して「悪」とすれば、本質を大きく見誤ることになる。

高校生　なるほど……。「一人当たりに置き換えると、８６３万円の借金って怖い……」って闇雲に怖がる必要はないということ、ですね？

債務残高対GDP比の意味

先生　ちなみに、財務省は「単純な債務残高の累増だけでなく、債務残高対GDP比が膨大になっている」と、別の観点からも危機感をあおっている。

高校生　債務残高対GDP比って、確か借金の多さが分かるものでしたっけ……？

先生　正確には、日本の借金の額である「債務残高」が、日本が1年に稼ぐ利益、つまりGDPの何倍になっているかを示す数字だったよね。

高校生　なおさら、大きければ大きいほど危険な感じがしますけど、そうじゃないんですか？

先生　ここでは「借金はゼロにしなければいけない」と考えることが間違いだったのと同じく、「債務残高GDP比の大きさ〝のみ〟で財政危機の度合いを測ろうとすること」自体が誤りなんだ。

高校生　えっと……、つまり、どういうことですか？

先生　過去の各国の財政破綻のデータを眺めると、債務残高GDP比がどこまで上がった時に破綻するかは国によって違っていて、一律の水準はないんだよ。

例えば2010年に起きたギリシャ債務危機の時のギリシャの債務残高GDP比は約170

％であったのに対し、現在の日本は２００％を超えているが破綻はしていない。
もっと高い数字で言えば、ナポレオン戦争の頃のイギリスは２５０％だったが、それでも破綻を経験してはいない。
実際、「日本経済が破綻する」と言われ始めたのは、１９９7年以降の景気が悪化した時がきっかけだけど、そこから20年以上経った２０１９年現在も、まったく財政破綻の兆しは見えていないよね。

高校生　そっか……。景気が悪くて不安な時って、ネガティブな情報ほど信じちゃうものなんですよね。

先生　結局、財務省の「債務残高対ＧＤＰ比が膨大になっているから危ない！」という言説は、日銀がイメージだけで「ハイパーインフレが起こる！」と言っていた時と同じように、危機をあおるばかりで、あまり意味のあることではないんだよ。

どうすれば財政破綻を避けられるのか

先生　「国の借金はゼロにする必要がない」「債務残高対ＧＤＰ比の大きさだけで危機を測るのは間違い」ということは、これで理解できたかな？

高校生　はい、何だか少しだけ希望の光が見えてきた気が……。でも、日本が本当に財政破綻に向かっていないかどうかは、どうすれば分かるんでしょうか？

先生　それは、債務残高対GDP比が「どういう動きをしているか」を見れば分かるよ。

　例えば、債務残高対GDP比が爆発的に増えていたら確かに危ないし、高い水準であっても、減少する方向であれば問題ない。

高校生　債務残高対GDP比の〝水準〟じゃなくて、〝動き〟を見るんですね。

先生　そうだね。もしも、増加の一途を辿っていたら、食い止めて減少方向へ向かわせればいいだけなんだ。

高校生　食い止めるには、どうすればいいんですか？

先生　さっきも話題に上がったけど、プライマリーバランスの赤字幅を縮小させるか、黒字化させることだね。

　プライマリーバランスとは141ページ以降で説明したけど、改めて計算式で表すと次の通りになる。

プライマリーバランス＝税収－（国の借金返済関連費を除いた）国の支出

高校生　なぜプライマリーバランスの赤字幅を縮小させるか、黒字化させることが、債務残高対ＧＤＰ比を減少させることになるんですか？

先生　それは、来期の債務残高対ＧＤＰ比がどれぐらい減るか、増えるかは、次の式（①）から計算できるからだよ。

｛（長期金利－名目ＧＤＰ成長率）÷（１＋名目ＧＤＰ成長率）｝×今期の債務残高対ＧＤＰ比－プライマリーバランス対ＧＤＰ比——①

これは、中学程度の数学で理解できる。君は高校生だから当然分かるよね。

高校生　ちょっと自信がないです。数学は苦手だったから。

先生　それは数学というと、「公式」を覚えろと言われたからだよ。先生は、大学で数学専攻だったけど、「公式」はまったく知らないし、覚えたこともない。①の式なんか、１分で導き出せるよ。ほら（左の数式参照）。

PB(プライマリーバランス)と債務残高対GDP比の関係

GDP_0:今期のGDP
GDP_1:来期のGDP
D_0:今期末の債務残高
D_1:来期末の債務残高
T_1:今期の税収
G_1:今期の一般歳出
PB_1:今期のプライマリーバランス($=T_1-G_1$)
r:今期の金利
g:今期の名目GDP成長率

来期の債務残高対GDP比が、どれだけ減るか、増えるか?

$$\frac{D_1}{GDP_1}-\frac{D_0}{GDP_0}=\frac{(D_1-D_0)\times GDP_0+D_0\times GDP_0-D_0\times GDP_1}{GDP_0\times GDP_1}$$

$$=\frac{D_1-D_0}{GDP_1}-\frac{D_0}{GDP_1}\times\frac{GDP_1-GDP_0}{GDP_0}\cdots(**)$$

ここで歳入=国債発行収入+税収、歳出=一般歳出+利払い費
国債発行収入=国債発行額=D_1-D_0、利払い費=$r\times D_0$、
歳入=歳出から、

$D_1-D_0+T_1=G_1+r\times D_0$　よって、$D_1-D_0=-PB_1+r\times D_0$

また、$\frac{GDP_1-GDP_0}{GDP_0}=g$ から、

$$(**)=-\frac{PB_1}{GDP_1}+(r-g)\times\frac{D_0}{GDP_1}$$

$$=\frac{r-g}{1+g}\times\frac{D_0}{GDP_0}-\frac{PB_1}{GDP_1}$$ ——①式

{(長期金利−名目GDP成長率)÷(1+名目GDP成長率)}×今期の債務残高対GDP比−プライマリーバランス対GDP比 ——①式

高校生　すごい数式ですね……。

先生　これが分かると、これからの話は読まなくても分かるはずだが、一応書いておくよ。
　この式で、「来期の債務残高対GDP比がどれぐらい減るか、増えるか」を計算できるんだ。

高校生　はい……。

先生　そして、この理由は後でちゃんと説明するけど、まずは長期金利と名目GDP成長率は、長期ではほぼ同じになるので、①の式の一番左にある（長期金利－名目GDP成長率）はゼロになるよ。同時に、ゼロには何をかけてもゼロにしかならないため、①式の左と真ん中に位置する｛(長期金利－名目GDP成長率）÷（1＋名目GDP成長率)｝×今期の債務残高対GDP比は、次のように変化することになる。

｛(長期金利－名目GDP成長率）÷（1＋名目GDP成長率)｝×今期の債務残高対GDP比
＝｛0÷（1＋名目GDP成長率)｝×今期の債務残高対GDP比
＝0×今期の債務残高対GDP比
＝0

結局、①の式の左と真ん中が「0」になったため、①式の中で残るのは、右側の「－プライマリーバランス対ＧＤＰ比」だけになる。

ゆえに「①式＝プライマリーバランス対ＧＤＰ比」になるため、「来期の債務残高対ＧＤＰ比がどれぐらい減るか、増えるか」は、「－プライマリーバランス対ＧＤＰ比」＝「プライマリーバランス対ＧＤＰ比に－１をかけると分かる」ことになるよ。

高校生　左と真ん中が０になるなら、計算が楽でいいですね！

先生　そうだね（笑）。ここまでの話を式で表せば、次の②の式になる。

来期の債務残高対ＧＤＰ比がどうなるか＝－プライマリーバランス対ＧＤＰ比——②

ここまでのことが分かると、「じゃあどうすれば、懸案だった来期の債務残高対ＧＤＰ比を減らすことができるか？」が理解できるようになるんだ。

どうやるかといえば、②の式の右辺には－（マイナス）がついているから、左辺である「来期の債務残高対ＧＤＰ比」を小さくするには、逆に、右辺の「プライマリーバランス対ＧＤＰ比」をより大きくすればいいよね。そしてこの数字をより大きくするには、プライマリーバランスの赤字幅を縮小させるか、あるいはより黒字化させればいい、という結論が出るよ。

高校生　確かに！　巡り巡って、そういうことになるんですね！

図35　名目GDP成長率と長期国債金利の差の分布

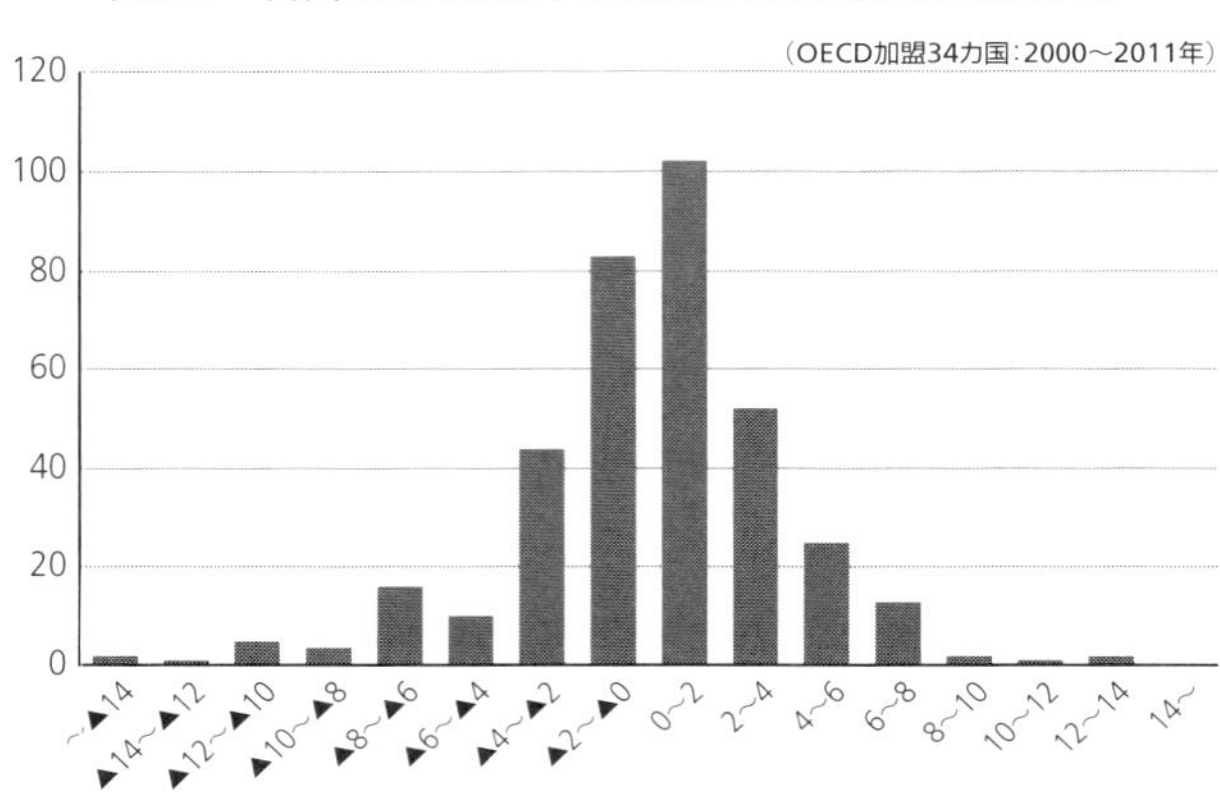

注：名目GDP成長率は、GDP成長率から長期国債金利を差し引いた数値。

出所：（名目GDP成長率）United Nations Statistics Division、
（長期国債金利）OECD Financial Indicators

先生　それではここで問題です。すでに説明したけど、このプライマリーバランス対ＧＤＰ比を大きくする（改善させる）には、何が必要だったかな？

高校生　それは、プライマリーバランス対ＧＤＰ比は、１年前の名目ＧＤＰ成長率に連動するという話でしたから……名目ＧＤＰ成長率を上げればいい！　ですね？

先生　ご名答。それが分かるのが１４１ページの図33だったね。

　ここから導き出される答えは結局、債務残高対ＧＤＰ比を減らし、財政の健全化を進めるためには、プライマリーバランスの赤字幅を縮小させるか黒字幅をより大きくするかで、そのためには、正しい経済政策運営によって、ちゃんと経済成長率を高く保つことが重要、ということになるよ。

ちなみにさっき、「長期金利と名目GDP成長率は、長期ではほぼ同じになる」と話したけど、それは次のような理由からだよ。

名目GDP成長率と長期国債金利の大小関係は、年によって変化するけど、長期で均してみると大体プラスマイナスゼロになる。それが分かるのが右の図35だ。この図は、2000〜2011年のOECD加盟34カ国の名目GDP成長率と長期国債金利の差の分布を示した図で、ほぼプラスマイナスゼロになっているんだよ。

高校生　なんだか数学って、経済の複雑な動きをエレガントに説明できて、すごいですね！

消費増税のマイナス影響を予測できなかった財務省

先生　ここまでの話が分かると、今回の消費増税論議において、財務省が最も間違っていたポイントが明らかになるよ。

まず、財務省と内閣府が2011年5月30日に提出した「社会保障・税一体改革の論点に関する研究報告書」の最終結論が何だったかを説明しよう。

高校生　消費増税を後押しするきっかけになった、2つ目の書類ですね。

先生　その最終結論は、次の通りだ。（166ページの図も同報告書からそのまま引用したもの）

〈図表2－16　日本の債務残高（対GDP比）の推移〉

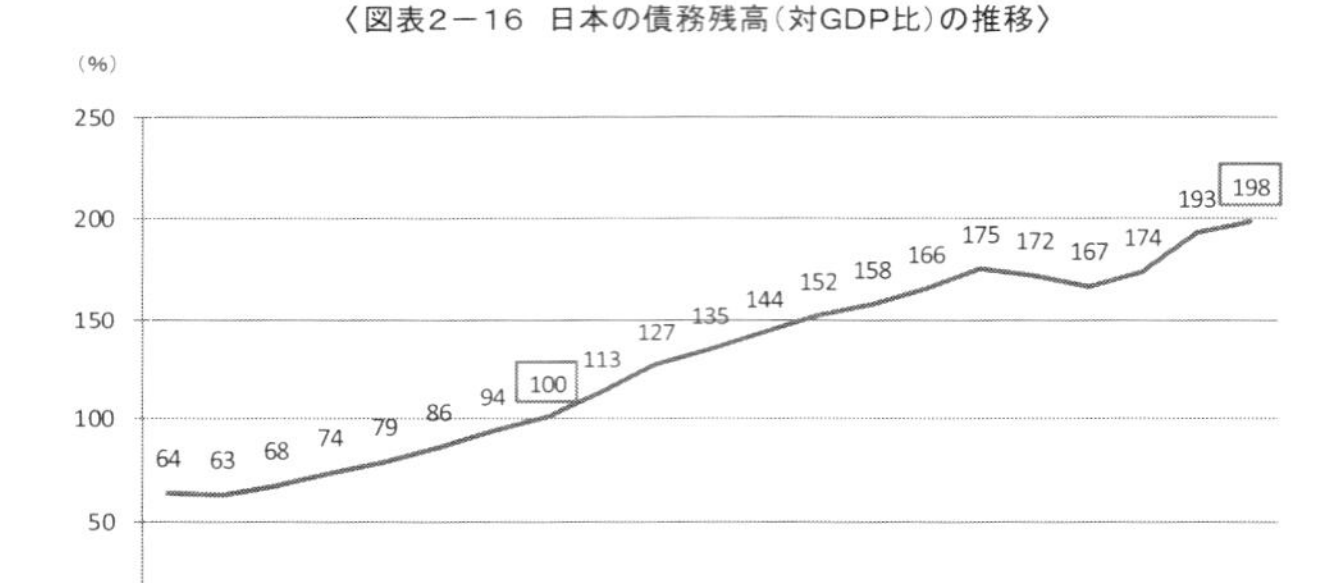

（出所）OECD "Economic Outlook No.88"より作成

「最後に消費税が３％から５％に引き上げられた１９９７年と現在の財政状況につき、一瞥しておくことにしたい。図表2-16は、わが国の債務残高対ＧＤＰ比の推移をみたものである。１９９７年には１００％であった債務残高対ＧＤＰ比率は直近では１９８％と約2倍になった。97年と比べ財政状況が格段に悪化した今は、当時と比べ消費増税の必要性ははるかに高くなっている、と考えなければならない」

つまり、「債務残高対ＧＤＰ比が増加傾向にあるので、それを食い止めるために消費増税をしなければいけない」という内容だよ。

高校生　え……でもさっきの話じゃ、景気が悪化している時に消費税を上げても、全体の税収を下げることになって、逆効果なんですよね？

先生　そう、決定的に間違ったことを言ってるんだ。さっきの式に当てはめても、間違いだってはっきり分かるよね。

「債務残高対ＧＤＰ比が増加傾向にある」というのは事実だからいいとして、その結論が、「だから財政再建を行わなければいけない、つまり債務残高対ＧＤＰ比を減らさなければいけない」なら、誤りではないのだけど……。「債務残高対ＧＤＰ比を減らすために、不況下にもかかわらず〝消費増税〟を行わなければいけない」と判断したことは、財務省が犯した最大の過ちと言える。

そもそも、不況下の消費増税は、「名目ＧＤＰ成長率の低下＝景気の悪化」をもたらし、先程の式でいう右辺の一部である「長期金利－名目ＧＤＰ成長率」の値を下げると同時に、同じく右辺の一部である「プライマリーバランス」の赤字幅を増やすことになる。だから、結局、本当は減少させるべき左辺の「債務残高対ＧＤＰ比」を〝増加させる〟という最悪の結果を招いてしまうんだ。

実際に財務省が、消費増税を行ったことで、最悪の結果――つまり名目ＧＤＰ成長率が下落し、プライマリーバランスの赤字幅が増えた――を確認できるのが、１４１ページの図33だったね。

高校生　知れば知るほど、消費増税は絶対にやってはいけないことだったんですね。

先生　財務省は、国の借金を減らすために消費増税を行った結果、逆に国の借金を増やしてしまったというわけだ。

高校生　どうして財務省は間違いに気づけなかったんですか？

先生　その答えも、２０１１年5月30日に発表された「社会保障・税一体改革の論点に関する研究報告書」の中で確認することができるよ。

報告書に記述された、次の内容に注目して欲しい。

「97年度の成長率は、1・6%となり前年度に比べて減速した。さらに、98年度は▲1・5%のマイナス成長に陥った。景気基準日付を見ても1997年5月が景気の山となった。このように、今から振り返ると、97年度の経済は前年度から後退したのであるが、97年には4月の消費税率引上げ後、アジア通貨危機と金融危機という2つのショックが日本経済を襲った」

そして、**「消費税増税が当時の景気後退の『主因』であると考えるのは困難である」**と結論づけている。

すなわち、「１９９７年の３%から５%への消費増税の景気へのマイナスの影響は、それはどなかった」と言ってるんだ。また、次のような記述も残している。

「消費税率を引き上げた場合に、増収分を社会保障に充てることにより、払ったものは確実に自分に受益として戻ってくるということに国民が納得する場合には、消費税増税が経済に対して与えるマイナスの効果は減殺されることになるかもしれない」

つまり、「消費増税をしたとしても、払った分は自分に返ってくるものであり、景気に対してもマイナスの影響を与えない」と、財務省が考えていたことが分かる。これらの考え方が誤りだったということは、すでに解説した通りだよね。

データ上でも証明できるのが124ページの図29だ。これを見れば、2014年の消費増税によって、景気へのマイナス影響が決定的だったと確認できる。

消費増税はどのタイミングでやるべきか

高校生 消費増税をやるべきじゃなかったのはすごくよく分かりました。財務省の人たちって経済の専門家だと思ってたけど、そんな大きな間違いもするんですね。

先生 信じがたいけど、そうなんだ。金融政策の舵取りをしてきた日銀が間違ってきたのと同

〈図表2－10　景気の局面に関する概念図〉

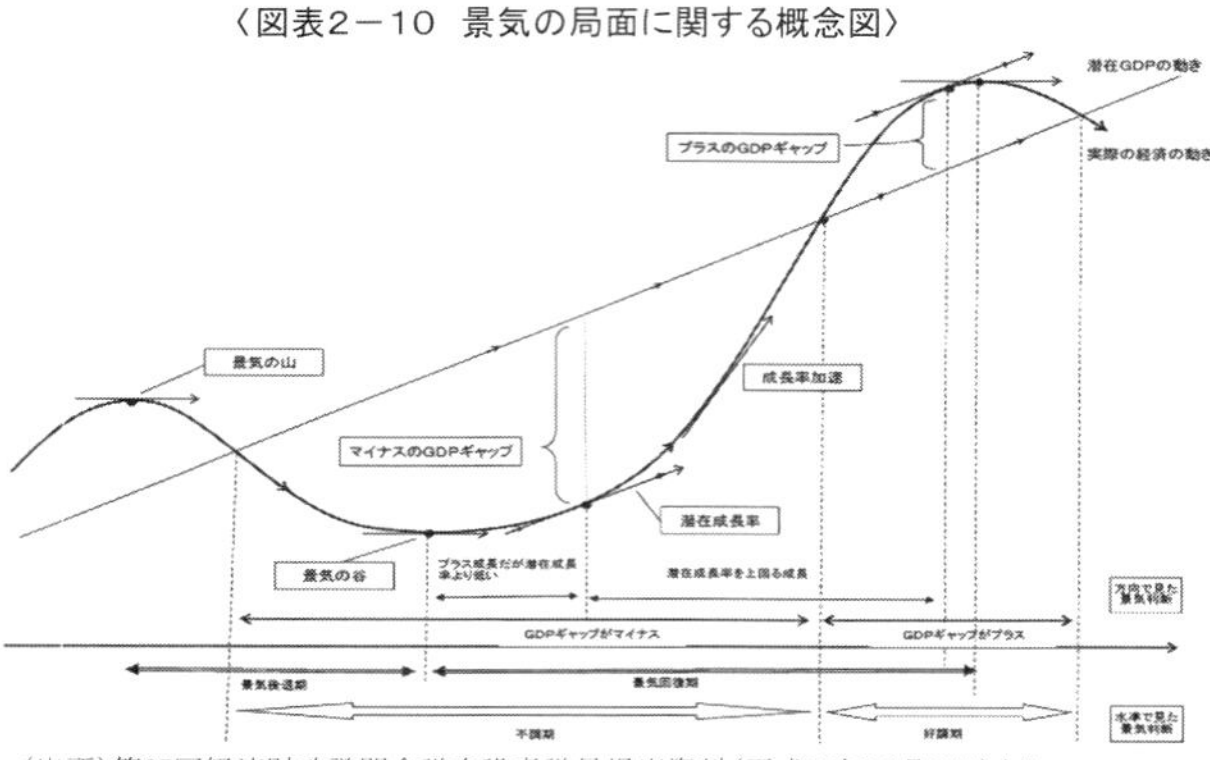

（出所）第27回経済財政諮問会議有識者議員提出資料（平成20年12月３日）より

じく、財政政策の舵取りをしてきた財務省自身が決定的に間違っていた証拠が、同じく「社会保障・税一体改革の論点に関する研究報告書」の中に、次のような記述として残っているよ。

消費税の引き上げはどのようなタイミングで行うべきか。これについては、（1）GDPギャップが需要超過になるかどうかという経済活動の「水準」を見るべき、あるいは（2）成長率が潜在成長率を上回ってGDPギャップが縮小していく段階という「変化」を見るべき、という2つの異なる見解がある（図表2–10）。
「水準」を重視する考え方は、例えば失業率が低いなど経済活動の水準が高いことから、マクロ経済のショックに対する頑健性が高い、ということに注目する。しかし、引き上げのタイミングが後ずれし、景気があまりに成熟している、すなわち景気の「山」に近いと、ショックをきっかけに景気の下降局面に入ってしまう可能性もある。これに対し、「変化」を重視する考え方は、景気が成熟する前の勢いがある段階で引き上げを行うためにショックがあっても景気の腰を折る可能性が低いということに注目するものである。後述するように、「段階的」に所要の税率まで引き上げを行うためには、景気が成熟する前に引き上げを始めることが必要である。

高校生　これって、財務省の人たちが「景気が上がりきる前に消費税の引き上げをやるべきだ」って言ってるってことですか？

先生　その通り！　明確に「景気が回復しきる以前に消費増税を行うべきである」と言ってるんだ。消費増税が名目GDPを減らすことになるとは思ってもいなかったんだろうね。

これは、あまりに絶望的な認識だ。さらには、そもそも景気の動きを官僚が予測できるのかっていう根本問題もあるよ。

高校生　財務省とか日銀って絶対的なものかと思ってたから、正直、驚きです……。

先生　消費増税のことだけじゃないよ。財務省と日銀という日本の中枢組織から「もう経済成長できない」「ハイパーインフレが起きる」「国家が破綻する」といったデマレベルの言説がさんざん垂れ流されてきたんだ。そのせいでたくさんの人々が無駄に大きな不安を抱えているっていうのが、日本の悲しむべき現状だ。

財政破綻の危険性を測る方法

高校生　でも、財政破綻って何だかフワッとしてますよね？　もしも、日本が財政破綻しそうになった場合、前もって分かる方法はないんですか？

先生　財政破綻の確率を知る格好の指標があるよ。それは、各国の国債の「クレジット・デフォルト・スワップ」、略して「ＣＤＳ」のレート、つまり保証料率を見ればいい。

高校生　クレジット・デフォルト・スワップ？　ＣＤＳ？

先生　ＣＤＳとは金融派生商品の一種で、株や債券の発行体である企業が倒産した際の保険のようなものだ。

　例えば、私がA社の社債を10万円分買ったとして、A社が倒産したら、その社債は紙くずになり、私に損失が出る。でもA社の社債を買うと同時にＣＤＳを買って保証料を払っておけば、その損失を保証してくれるという仕組みなんだ。

　このＣＤＳのレートが低いほど、その発行体は倒産しないと見なされているということだ。

例えばA社のレートが２％だったら、１００年に2回ぐらいの倒産確率だろうと見られていることになるよ。その時は、例えば私がA社の社債を１００万円分持っていて、ＣＤＳも一緒に買うとしたら、2％のレート、すなわち年に2万円を支払えば、その保証を受けられることになる。

高校生　倒産する確率が、そのままレートなんですね。分かりやすい！

先生　CDSの売り手にとっては、倒産確率が高ければ高いほど、保証する確率が増えてリスクが高いため、そのリスクに見合ったレートになっているんだ。つまり倒産確率が上がれば上がるほど、レートも上がるという特性を持っている。

そしてこのCDSは、各国が発行する債券・国債に対しても売り出されている。これは金融機関と投資家が身銭を切って市場で取引しているものなので、より客観的な確率と言えるんだ。

高校生　それじゃあ、国債のCDSのレートを見れば、その国が財政破綻する確率が分かるんですね。

先生　その通り！　ちなみに、最近のCDSレートの数字は、アメリカ0・21％、イギリス0・40％、ドイツ0・15％、日本0・23％、フランス0・40％、イタリア2・22％となっている。

世界から見る日本の国債の破綻確率は5年で1％程度だ。市場全体からしたら、日本国内で言われているほど危険とは見なされていないんだよ。

高校生　それを聞いたら、結構安心できますね。他の先進国と比べてもそれほど悪い数字ではないし……。

世界から日本はどう見えている？

高校生　でも、日本国内の危機感と世界から見た日本に、そんなに温度差があるのはどうしてなんですか？

先生　その原因は、世界の市場は日本と違って、「会計学的に正しい目で、日本の財政赤字問題を眺めているから」ということかな。

高校生　会計学的に正しい目、ですか？

先生　どういうことかというと、確かに日本の借金、すなわち政府の債務が約1000兆円あることは事実だ。だけどその見方って実は、企業の決算書におけるバランスシート・貸借対照表で言うところの、右側の負債の部分のみしか見ていない数字なんだよ。

高校生　バランスシートって、右に負債、左に資産が記入されているものでしたよね。

先生　そう。企業の安全性を分析する時は、その左右のバランス、つまり「負債の額」を見ると同時に「資産の額」をチェックすることが一般的なんだ。右側の負債だけ見ていても、それは不安になって当然だよね。

例えば、ある企業が1億円のプロジェクトを受注し、その報酬を1年後に受け取るとしよう。

会計処理上は、1億円がすぐに「売上」として計上されるけど、お金が手元に入ってくるのは1年後だから、それまでに企業の資金繰りが滞ると企業は倒産することになる。

でも、たとえ現金が不足していても、いつでもキャッシュに換えられる資産を持っていれば、さまざまな支払いに充てることが可能だから、その企業は倒産を免れやすくなる。中でも換金しやすい資産を持っているほど、企業の安全度は高くなる。換金しやすい資産の代表格は有価証券などの金融資産で、こういった資産を会計学では「流動資産」と呼んでいるよ。

ちなみに、財務省が主張している約1000兆円の借金は、「粗債務」と呼ばれるものだ。民間企業で言えば、銀行などから受けている融資や取引先への原材料費の未払い金などの負債に当たる。この負債があっても、企業に預金や土地などの資産があれば、「粗債務」の数字がそのまま債務ということにはならない。持っている資産を「粗債務」から差し引いた数字が、その企業の「真の債務」ということになり、これを「純債務」と言うんだ。当然、この「純債務」が小さいほど、その企業の財務状況は健全であると見なされる。

高校生　負債があっても、資産がたくさんあれば安心なんですね。そういう意味じゃ、日本が持っている資産って、多いほうなんですか？

先生　実は日本政府は莫大な負債だけでなく、膨大な資産も抱えているんだよ。だから日本は、純債務が極めて小さい国なんだ。

図36　連結貸借対照表

（単位：百万円）

〈資産の部〉	前会計年度（2016年3月31日）	本会計年度（2017年3月31日）
現金・預金	116,269,140	128,786,441
有価証券	351,465,086	369,179,678
たな卸資産	5,665,857	5,268,335
未収金	12,523,625	12,332,848
未収収益	1,026,771	979,493
貸付金	160,781,643	157,648,567
破産更生債権等	797,868	750,366
割賦債権	3,330,811	2,910,957
その他の債権等	17,325,012	18,835,597
貸倒引当金等	△3,813,323	△3,484,435
有形固定資産	268,798,454	269,309,558
国有財産等（公共用財産を除く）	69,944,355	69,293,698
土地	38,650,220	38,721,867
立木竹	3,901,393	3,973,575
建物	12,266,496	12,122,772
工作物	9,519,988	9,122,129
機械器具	0	0
船舶	1,669,622	1,674,398
航空機	602,502	718,352
建設仮勘定	3,334,131	2,960,602
公共用財産	192,928,854	194,312,027
公共用財産用地	48,624,641	48,928,182
公共用財産施設	141,840,987	141,854,681
建設仮勘定	2,463,225	3,529,164
物品等	5,897,909	5,677,776
その他の固定資産	27,334	26,055
無形固定資産	1,313,598	1,333,406
出資金	19,795,582	18,810,466
支払承諾見返等	2,786,352	2,652,097
その他の投資等	866,853	1,028,088
資産合計	958,933,334	986,341,468

〈負債の部〉	前会計年度（2016年3月31日）	本会計年度（2017年3月31日）
未払金	14,015,827	13,887,226
未払費用	2,859,741	2,684,877
保管金等	3,145,683	3,163,155
賞与引当金	610,113	625,375
政府短期証券	85,948,307	84,660,527
公債	780,151,372	824,635,991
独立行政法人等債券	49,233,377	50,035,508
借入金	37,265,783	35,574,704
預託金	3,538,013	3,441,569
郵便貯金	176,044,543	177,952,783
責任準備金	100,717,005	98,440,077
公的年金預り金	119,620,955	122,567,005
退職給付引当金	12,868,687	12,034,928
その他の引当金	959,447	850,027
支払承諾等	2,786,352	2,652,097
その他の債務等	34,094,429	36,507,536
負債合計	1,423,859,641	1,469,713,391
〈資産・負債差額の部〉		
資産・負債差額	△464,926,306	△483,371,923
（うち国外からの出資）	（3,183,900）	（3,203,380）
負債及び資産・負債差額合計	958,933,334	986,341,468

注：国が保有する資産には、国において直接公共の用に供する目的で保有している公共財産のように、売却して現金化することを基本的に予定していない資産が相当程度含まれている。このため、資産・負債差額が必ずしも将来の国民負担となる額を示すものではない点に留意する必要がある。

図37 おおまかに表した国のバランスシート

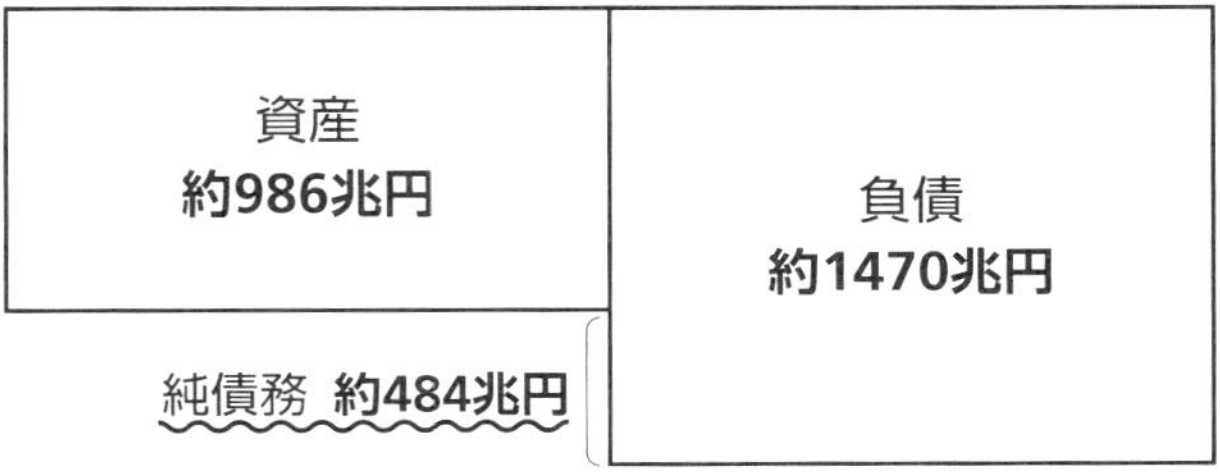

資産 約986兆円	負債 約1470兆円
純債務 約484兆円	

まずは財務省が公表しているバランスシートである、右の図36を見て欲しい。

このバランスシートは、私が大蔵官僚だった時代に、世界に先駆けて作ったものなんだ。だから、余計に大きな声で言いたいというのはある（笑）。

左側の「資産」の項目を見ると、国の資産の総計は約９８６兆円になっている。

一方の右側の「負債」は総計約１４７０兆円だ。

結局、粗債務から資産を差し引いた純債務がいくらになるかと言えば、「１４７０兆円－９８６兆円」で、約４８４兆円だ。

これをザックリ表すと上の図37のようになる。

つまり、日本の実質的な借金は、ちまたで言われている１０００兆円の半分以下ということになる。ＧＤＰ比で見るとほぼ１００％だ。ちなみに、「国の借金」と呼ばれているものはこのバランスシートでは、右側の「負債」の中の「公債８２５兆円」＋「政府短期証券85兆円」＋「借入金36兆円」の計９４６兆円のことを指しているよ。

高校生　これを見れば、本当の意味で日本の財政の状態が分かるんですね。

先生　ただし、この連結ベースには大きな欠陥がある。「日銀」が含まれていないんだ。

政府による日銀への出資比率は5割を超えていて、政府は日銀に対してさまざまな監督権限も持っているため、会計的には日銀は完璧な政府の子会社と言えるはずだが、なぜかそのやり取りは記載されていない。

経済学では、政府と日銀は一体のものとして分析することが常識であり、会計的な観点から言っても、連結対象から外す理由は見当たらない。今から25年前の話だけど、私が旧大蔵省の役人の時は、日本ではじめて政府のバランスシートを作った。その時には、日銀は政府の関連会社（特殊法人や独立行政法人など）なので、民間でいうところのグループ決算と同じように、それらをすべて合算したバランスシートを作った。それは、25年前には公表されなかった。それから10年経った頃、小泉政権の時から公表したけど、その時に財務省は政府関連会社の中で、日銀だけを外した。その理由は不明だが、日銀を連結対象として含めた場合のバランスシートを作成することは、間違いなくできるんだ。

２０１７年３月31日現在の日銀のバランスシートは左の図38の通りだよ。

中身を詳しく見ると、資産は総計約４９０兆円で、そのうち国債が約４１８兆円。負債も約

図38　日銀の営業毎旬報告(2017年3月31日現在)

2017年4月7日

資産

(単位:千円)

金地金	441,253,409
現金	203,111,546
国債	417,711,474,033
コマーシャル・ペーパー等	2,035,734,736
社債	3,214,428,529
金銭の信託(信託財産株式)	1,169,891,695
金銭の信託(信託財産指数連動型上場投資信託)	12,935,375,253
金銭の信託(信託財産不動産投資信託)	377,538,733
貸付金	44,664,568,000
外国為替	6,662,576,212
代理店勘定	20,557,407
雑勘定	681,065,591
合計	490,117,575,148

負債および純資産

(単位:千円)

発行銀行券	99,800,187,532
当座預金	342,755,514,899
その他預金	13,623,336,371
政府預金	21,750,732,591
売現先勘定	3,425,244,243
雑勘定	1,131,601,383
引当金勘定	4,471,759,878
資本金	100,000
準備金	3,159,098,248
合計	490,117,575,148

出所:日本銀行

図39　おおまかに表した日銀と政府の連結バランスシート

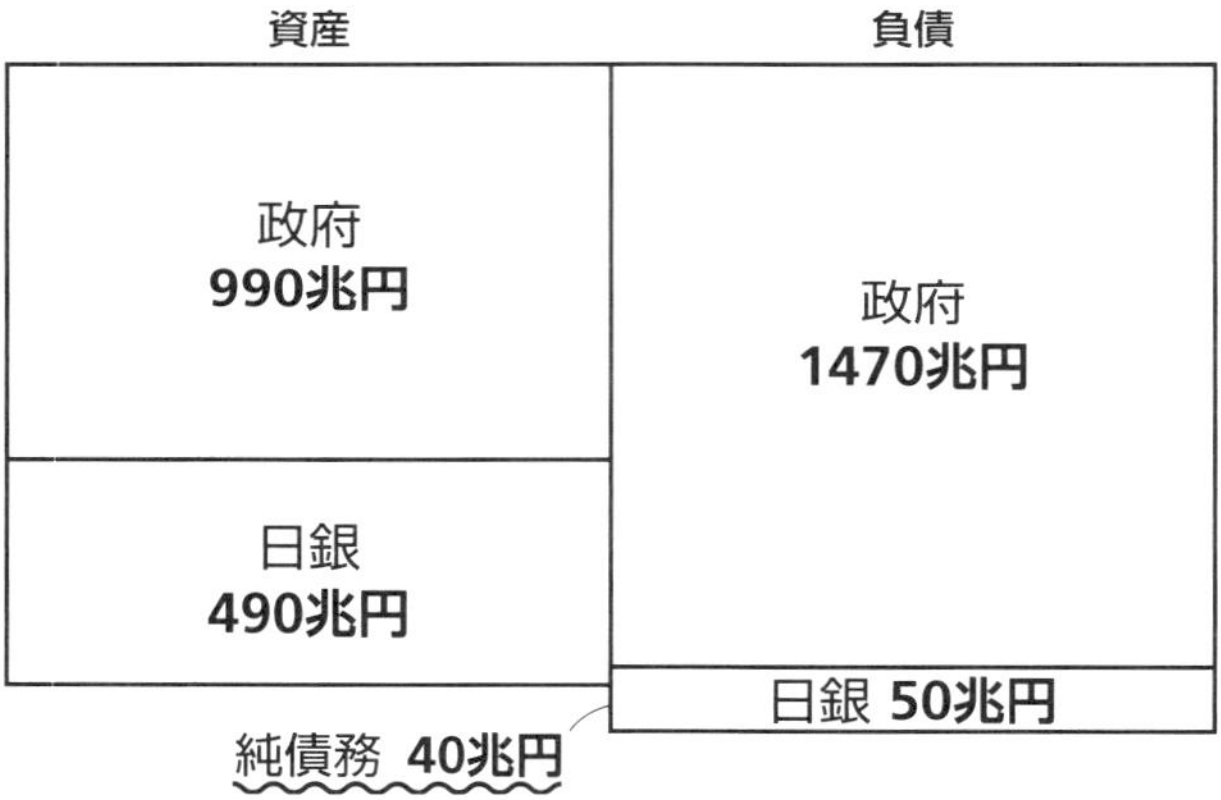

資産	負債
政府 990兆円	政府 1470兆円
日銀 490兆円	日銀 50兆円
純債務 40兆円	

490兆円で、そのうち発行銀行券が約100兆円、当座預金が約343兆円。

ここで、発行銀行券と当座預金は形式的には負債だが、基本的に無利子、無償還なので、経済的には負債といえない。

政府の債務超過額は約484兆円だったが、日銀は443兆円の資産超過。政府と日銀を一体として考えると（これは民間企業でのグループ決算に当たる）、債務超過額はたったの41兆円。つまり、日銀も含めた連結ベースで国家財政を考えると、結局日本政府の純債務は約40兆円ということになる。

これをザックリ図示すれば、上の図39のようになる。

つまり、日本政府の純債務は、多くても40兆円程度なんだよ。会計学的に見れば、「国の借金1

000兆円」と言っている財務省の発表が、いかに過大に喧伝されているかがよく分かるよね。

高校生　ここまで誤差が出るとは、正直驚きです……。

先生　また、2018年10月10日に国際通貨基金「IMF」から発表された「財政モニター報告書」を見ても同じことが確認できる。

このIMFレポートは、各国の財政状況について、負債だけではなく資産にも注目して分析したものだよ。ここでは主に、「一般政府」と「公的部門」のバランスシートが分析されているんだ。一般政府とは中央政府、すなわち国と地方政府を併せた概念なんだ。一方の公的部門とは、中央銀行を含む公的機関を含めたもので、先ほど言った「日銀も含めた連結ベースでのバランスシート」は、この公的部門とほぼ同じ。

このレポートでは、比較可能な国の「公的部門貸借対照表」で純資産対GDP比が出ている。純資産対GDP比とは、日本では純債務残高対GDP比と呼ばれているものだよ。より具体的に表したのが次ページの図40だ。

これによれば、日本の公的部門の「純資産対GDP比」がほぼゼロであることが分かる。もっと詳しく言うと、日本政府の負債額は国内総生産の283％に相当するが、半分以上を日銀や公的年金などの、いわば公的機関が保有していて、資産と差し引きした「純資産」はほぼプラスマイナスゼロとなっているよ。

図40　公的部門のバランスシート

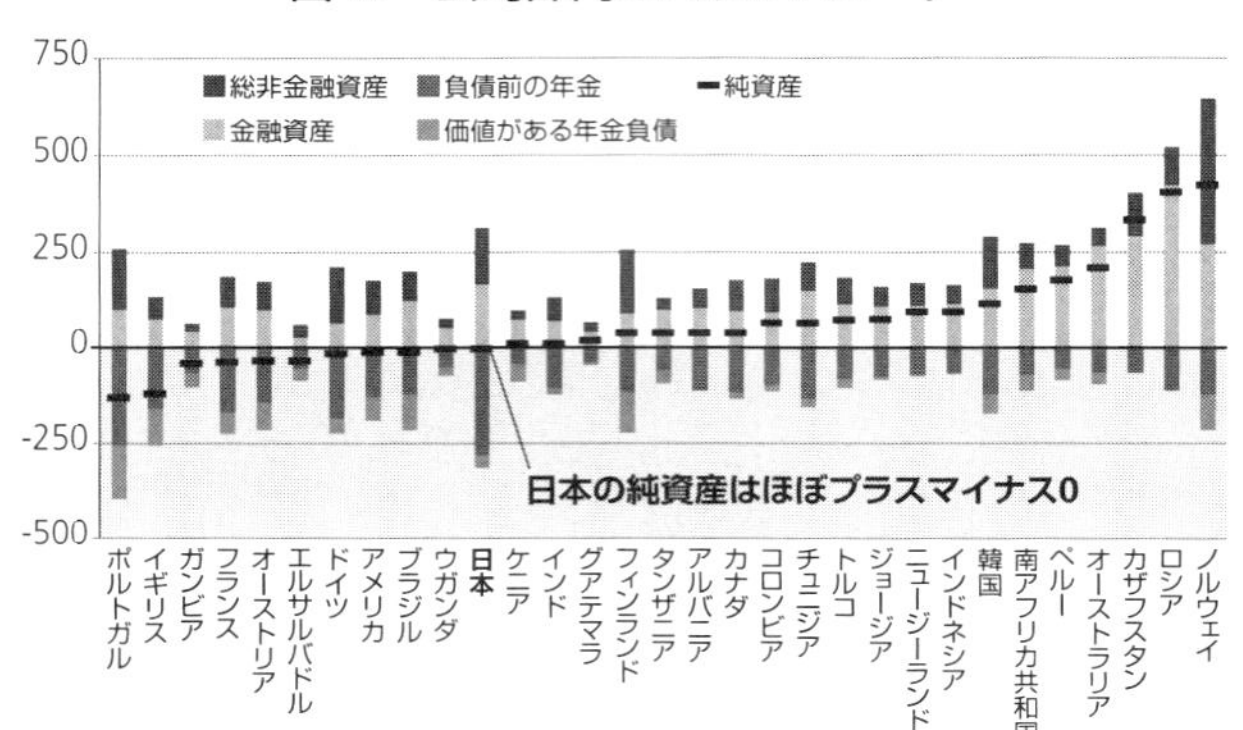

注：Based on a single year of data, in most cases compiled as part of a Fiscal Transparency Evaluation: Albania, 2013; Austria, 2015; Brazil,2014; Colombia, 2016; The Gambia, 2016; Guatemala, 2014; Kenya, 2013;Peru, 2013; Portugal, 2012; Russia, 2012; Tanzania, 2014; Tunisia, 2013; Turkey, 2013; Uganda, 2015.

出所：IMF staff estimates.

これは、私の主張と合致している。

そして、公的部門の「純資産対GDP比」において、世界の市場から見ると、日本の順位は世界の中で別段悪い位置にいるわけではないんだ。

日本国債のCDSのレートが低い理由は、このように、会計学的に正しい方法で日本の財政赤字の状況を眺めているからなんだよ。こんな知識があると、日本の財政破綻は滅多なことでは起こらないと分かるんだ。

高校生　うーん、日本が資産をたくさん持っているのは分かりましたけど、具体的にどんなものを持っているんですか？

先生　国の資産といえば、「土地建物の実物資産が多いから、そう簡単には売却できないのだろう」と思われがちだけど、実はそうでもない。政府資産の大半は、政府関係機関への出資金や貸付金などの金融資産であり、容易に売却可能なものばかりなんだよ。

より具体的には、日銀を含めた統合政府ベースのバランスシートで言えば、約1000兆円程度の資産のうち、実物資産（土地や建物などの有形固定資産）は270兆円弱しかない。つまり、国の資産のうちの多くが「売却可能な資産」なんだよ。

さらに、先に換金しやすい資産の代表格は有価証券などの金融資産だと言ったけど、日銀を含めた統合政府ベースのバランスシートの中の金融資産は、「現金・預金（129兆円）」＋「有価証券（369兆円）」＋「貸付金（158兆円）」＋「出資金（19兆円）」の計675兆円にのぼっているよ。

高校生　えっ、じゃあ、どうして日本政府は、今まで資産があることを強調しなかったんですか？

先生　「政府資産は簡単には売れない」というのが、財務省の言い分だ。

でも、一般企業でも破綻寸前となれば、まずは子会社などの手持ち資産を売るのが常識だし、海外を例に見れば、破綻に直面した時には政府資産をどんどん売却している。だから「売れない」というより「あまり売りたくはない」というのが本音だろうね。

ただ、私が言いたいことは、「資産があるから、いざという時は売ればいい」という極論ではなく、次のような話だよ。

・政府の財政赤字の規模は会計学的に正しく見るべき
・会計学的に正しい見方というのは、統合政府（日銀も含めた連結ベース）のバランスシートで見た「純債務残高」のこと
・日本の統合政府のバランスシートでの「純債務残高」は約40兆円であり、これは決して危機的状況と言えるようなものではないので、必要以上に日本の借金を恐れる必要はない

これらを心得て、「日本はもう経済成長できない」「ハイパーインフレが起きる」「国家が破綻する」といった言説には、あまり惑わされないようにして欲しいと思っているんだ。

第4章 「日本の年金が破綻する」もやっぱり嘘でした

年金破綻論の正体

先生　ここまでの説明で、日本の将来への不安はだいぶ解消されてきたかな？

高校生　それが、一番不安なことが残っていまして……。老後というか、まだまだ先のことなんですけど。

先生　ひょっとして「年金」のことかな？

高校生　そうです！　年金制度はもう危ないって聞いたことがあって、これからコツコツ払っていっても無駄になりそうで怖いんです。

先生　結論から言えば、きちんと払っていれば、ちゃんと払ってもらえるよ。

高校生　でも、高齢化が進んでお年寄りばっかりになったら、国に年金を払う余裕なんてなくなるんじゃないですか？

先生　確かに、メディアが長い間「年金が危ない」とあおってきたし、心配になるのも無理はないね。だけど、これまで日銀や財務省から出たさまざまな論説に誤りがあったように、「日本の年金は破綻寸前」という見方も、大きな誤りなんだよ。

もちろんメチャクチャな制度改悪や経済政策運営をすれば別だけど、現状の制度をきちんと運用すれば、「破綻だ」などと大げさに悲観する必要はないんだ。これから、その理由をじっくり説明していこう。

高校生　はい……、よろしくお願いします！

先生　まず、なぜ日本では「年金が危ない」という議論がこれほどなされるのか。

その点をふまえ、少しいじわるな見方をしてみよう。「年金が危ない」という考えが浸透すれば、誰が「得をする」かな？

高校生　年金が危ないという考えで得する人……。そんな人、いるんですか？

先生　まず、財務省は「お得」だ。知っての通り、財務省は消費税の増税を目指しているけど、実現するためには「社会保障」への不安が高まっているに越したことはないんだ。

また、金融機関も「年金が危ない」という常識が世の中に広がっているほうが都合がいい。もともと、公的年金の存在があっても、老後の備えはそれぞれに進めておく必要があるけど、その「公的年金が危ない」となると、さらに投資や年金保険などの商品が売りやすくなるからね。

高校生　そっか……。年金があてにならないって思う人が、お金を増やそうとしたり、保険をかけたりするから、金融機関が得をするんですね。

先生　あとは、金融機関系のエコノミストやファイナンシャルプランナーたち。

そして何よりメディアにとって、年金は「おいしい」話題と言える。個人の老後の生活に直接関わるから、多くの人々が高い関心を持っているんだ。

しかも日本では、「少子高齢化」がすでに常識になっているのもあり、少し不安をあおれば、視聴者や読者はすぐ反応する。視聴率を稼いだり、新聞や本を売りたいメディアにとっては、「年金問題」はまさに格好のネタなんだ。

高校生 私もまんまとメディアに乗せられていたってことでしょうか……。

先生 改めて考えると、情報発信側の職業は大体、「年金危機をあおったほうが得」になる構図になっているんだよ。もちろん、みんながみんな悪意に基づいて動いているとは言わないよ。でも、見る側の気持ちをつかもうと、必要以上に「危ない」「破綻」などという大げさなワードが多くなる傾向がある。悪意はなくとも結果的に、年金問題にまつわる論説は「嘘ばかり」という状態にもなりかねないんだよ。

大事なのは、メディアの情報に惑わされず、年金について正しい知識を身につけることだ。そうしないと「大きな損」をしかねないし、何より、無駄な不安に苛(さいな)まれつつ日々を送るなんて、もったいないからね。

高校生 でも、メディアがそういう感じなら、フツーにしていると、なかなか年金の正しい情報を知る機会がないですよね。いろいろ難しそうだし。

先生 そういう風に「年金は難しい」と思い込んで、知識を持つことをあきらめてしまう人も多いだろうね。でも実際、年金の仕組みはそれほど難しいものじゃないんだ。複雑化していることは事実だけど、基本はきわめてシンプルな仕組みなんだよ。むしろ、ポイントさえ押さえておけば、誰でも理解できるはずだ。
そこで、ここから年金の基本的な仕組みを解説しよう。より分かりやすくするために、細かい部分はできるだけ省いて、根幹の部分だけを話すことにするよ。

日本の年金制度の基本的枠組み

先生 まず、年金の全体像について説明しよう。大ざっぱに分けると、次ページの図41のような最大3階建ての構造になっているんだ。

【年金は最大「3階建て」】
1階 国民年金――公的年金保険
2階 厚生年金保険(共済年金も統合された)――公的年金保険
3階 企業年金、確定拠出年金など――私的年金保険

1階部分は、全国民が加入する「国民年金」。すべての国民は、強制的にこの国民年金制度

図41　年金制度の体系図

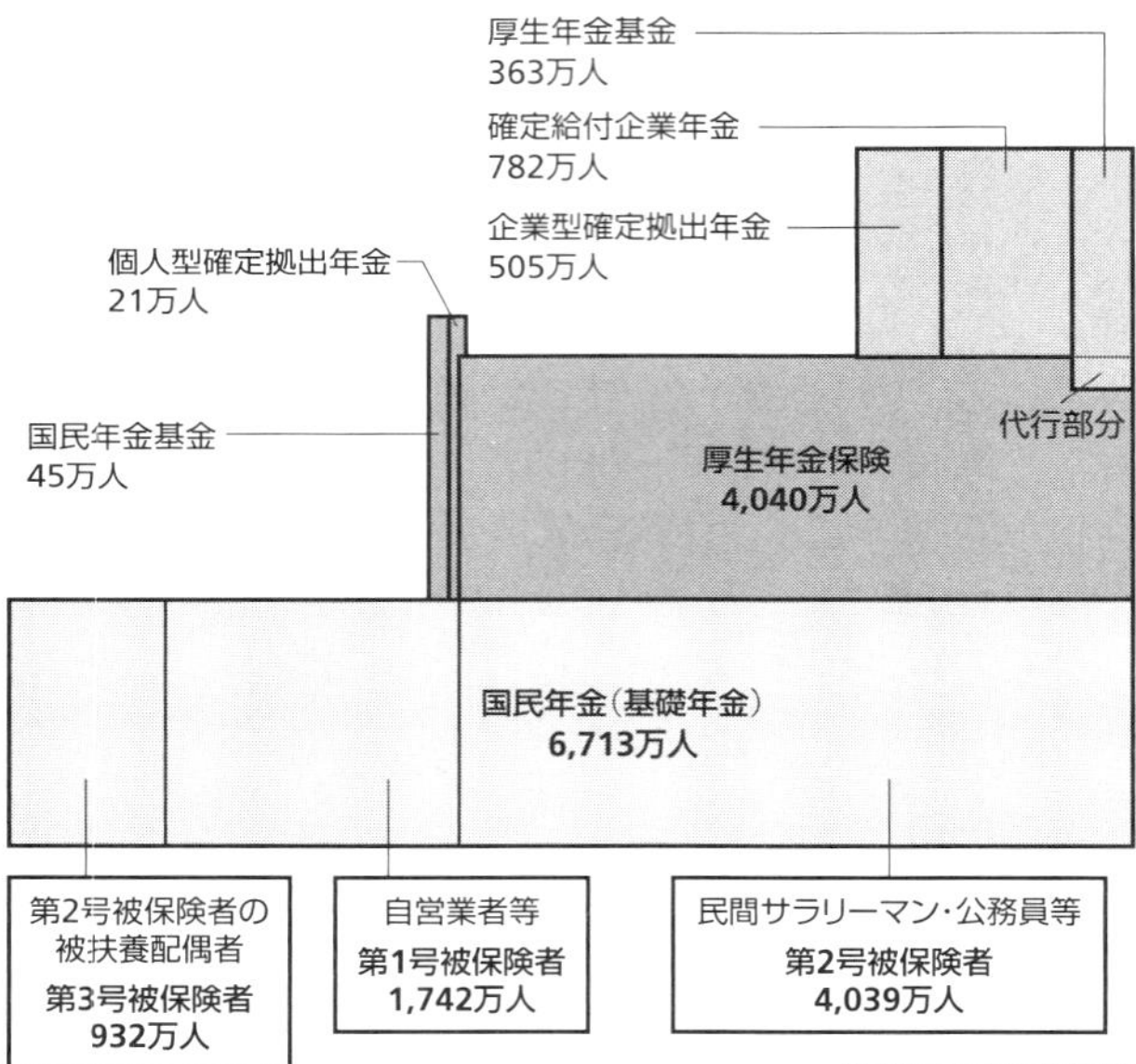

（数値は2015年3月末現在）

に加入することになっていて、給付される年金は「老齢基礎年金」と呼ばれているよ。

この老齢基礎年金は、40年間保険料を納めた人には満額が支給される。2016年度の例でいえば、支給される年金額の満額は、年間78万100円。1カ月当たり約6万5000円になっている。

所得の高い人も低い人も、保険料を納めた期間によって基礎年金額は一律なんだ。

自営業者や農業者（第1号被保険者）、そして会社員・公務員等に扶養されている配偶者（第3号被保険者）は、この1階部分の基礎年金のみが老後にもらえる仕組みになっているよ。

高校生　国民年金って、自営業者か、会社員や公務員等に扶養されている配偶者がもらえる年金なんですね。

先生　一方の2階部分の「厚生年金保険」は、サラリーマン（民間企業職員）や公務員が、国民年金の上乗せとして報酬比例の形でもらえる年金だよ。

以前はこの「厚生年金保険」は、サラリーマンの場合は「厚生年金」、公務員と私学教職員は「共済年金」とされていたけれど、２０１５年10月以降、共済年金は厚生年金保険に一元化されたんだ。この厚生年金に加入している人は、「第2号被保険者」と呼ばれている。

つまり、会社員・公務員等は、1階部分の基礎年金と、この2階部分の厚生年金保険を受け取ることができるというわけだ。

1階部分は保険料を納めた期間に応じて金額は一律だったけど、この2階部分は報酬比例になるので、所得が多く保険料をたくさん納めた人ほど、年金を多く受け取ることができるようになっているよ。

ここまでが「公的年金保険」と呼ばれていて、1階部分の国民年金も、2階部分の厚生年金も、該当者は必ず入らなければいけない、強制加入型の年金だよ。

高校生　でも今の話だと、自営業者の人って、会社勤めの人に比べてもらうお金がかなり少なくなる気がするんですけど。

先生　そういう不安を解消するために、公的年金保険に上乗せできる任意の年金制度も用意されているんだよ。

例えば、国民年金に入っている人は、「付加年金」という制度があって、毎月の国民年金保険料に400円プラスして納めると、40年の満額で支給される時、基礎年金額に年間9万6000円上乗せされるからおすすめだよ。

また自営業者の人は、基本的に国民年金のみの1階建てだけど、入りたい人だけ入れる私的年金として「国民年金基金」がある。つまり、国民年金に国民年金基金を上乗せして、「2階建て」にすることもできる。

ほかには、会社員や公務員の人でも、1階部分は国民年金、2階部分は厚生年金という2階建てが基本だけど、会社によっては3階部分になる別の年金に入れるところもあるんだ。

ちなみに、かつては「厚生年金基金」という制度もあったんだけど、問題点が多くて解散が相次ぎ、今は「確定給付企業年金」や「企業型確定拠出年金」に移行している。ほかにも、個人で入れる「個人型確定拠出年金」（iDeCo（イデコ））というのもあるよ。

「賦課方式」と「積立方式」

先生　このように、年金にはいろいろな種類があるんだけど、まとめると国民年金と厚生年金は「公的年金」であり、それ以外の「国民年金基金」「確定給付企業年金」「企業型確定拠出年金」「個人型確定拠出年金」などは、任意で入れる「私的年金」というわけだ。

高校生　「公的年金」は加入が義務づけられているけど、それ以外は「将来もっと多くの年金が欲しい人は自由に入れる年金」ということですね。絶対に入らないといけない公的年金と、入りたい人だけ入れる私的年金……この２種類があるっていうことも、初めて知りました。

先生　公的年金と私的年金の違いは、義務化されているかどうかというのもあるけど、最大の違いは、支給される仕組みの違いにあるよ。

具体的には、公的年金は「賦課(ふか)方式」といって、現役世代から集めた保険料を老齢世代の年金給付に充てている。つまり、自分が支払ったお金は今の高齢者にあげて、自分が高齢者になった時には、その時の現役世代の保険料から年金をもらうシステムだね。

日本をはじめ、主要先進国の公的年金はだいたいこの方式だ。

それに対して、私的年金は「積立方式」。自分の納めた保険料を積み立てておいて、それを株式や債券などで運用して増やし、将来、年金として自分で受け取る仕組みなんだ。

高校生　私的年金は、自分で積み立てたお金を将来の自分に渡すってことですね。それなら、義務じゃないのは納得ですね。

先生　その通り。でもね、賦課方式の場合でも、自分が払ったお金は高齢者の給付に充てられて消えてしまうイメージがあるかもしれないけど、言うまでもなく、自分が高齢者になった時、逆に現役世代のお金で支払ってもらえるんだ。
だから、長い目で見ると、ちゃんとお金が戻ってくるようになっているんだよ。

年金はどのくらい戻ってくる？

高校生　ちゃんとお金が戻ってくるのは分かりましたけど、それでも、毎月払い続けるほうが損ってことはないんですか？

先生　多くの人が一番知りたいのは、そこだろうね。

実は、公的年金も私的年金も、全体で「集めた保険料」と「給付する年金」が一致するように、「年金数理」で計算されているんだよ。年金数理とは、長期的な視野に立って、年金制度の財政計画を立てる時の計算方法の総称のことだ。

つまり、「その人が納めた保険料」＝「その人が将来もらえる給付額」になるようになっている。

例えば平均寿命80歳として、公的年金を20歳から60歳までの40年間納めて、60歳から80歳くらいまでの20年間受け取るようなことになっているんだ。

これをザックリ言うと、40年間納めた保険料の総額と、20年間でもらう年金額が同じになっているということだ。もちろん、厳密に知るには、現在価値を計算するなど細かい数字を出す必要があるけれど、ものすごく単純化した公的年金の数式は次のようになる。

「その人が40年間納めた保険料の総額」＝「その人が20年間で受け取る年金の総額」

だから、長生きする人はお得になって、若死にする人は損という仕組みだ。平均的な寿命なら得にも損にもならない。このように答えない人の話を聞いたらダメだよ。

国民年金は10年もらえば元が取れる？

先生　より具体的には……、全国民が入る国民年金（老齢基礎年金）については「もらえる金額が少ない」など不満を持つ人も多いけど、平均寿命をもとに計算すると、わりとお得な年金だということが分かるはずだよ。

２０１６年度の１カ月当たりの国民年金保険料は、１万６２６０円（２０１７年４月からは１万６９００円）。年間にすると19万５１２０円。40年間では７８０万４８００円となる。

一方の、受け取る国民年金の満額は、年78万１００円、10年間で７８０万１０００円。

つまり、10年もらえば大体元が取れるという計算になるんだ。平均寿命は男性が約81歳、女性が約87歳。65歳から年金を受け取るとしても、男性は平均16年間、女性は平均22年間受け取ることができる。

〈基礎年金（現在価値に直さない単純計算）〉
40年間の保険料＝約７８０万円
10年間の受給額＝約７８０万円

高校生　ということは、40年間に納めた保険料と、10年間でもらえる年金の額がほぼ同じなので、平均寿命で見ると、男女ともに年金を10年間以上もらえるから、そのぶん、長生きすればするほどお得になっていくということですね！

厚生年金として受け取るのは月給の４割

先生　同じことを厚生年金の場合で考えてみよう。厚生年金の保険料率は段階的に上がってきているけど、２０１７年９月以降は標準報酬の18・３％。おおざっぱにいえば、月給の2割を厚生年金に納めていることになる。ちなみに、会社員や公務員の場合は労使折半になるので、このうち半分は会社、または政府が払ってくれていることになるよ。

結局、納めている年金保険料は月給の２割くらいで、年金額はその２倍くらいなので、２割×２＝４割。つまり、月給の４割ぐらいが定年後に年金として支払われると見ておけばいいんだ。

毎月の年金額＝月給の約４割

この計算でいくと、月給20万円の人が将来もらえる金額は月８万円程度。月給30万円の人は月12万円程度。月給40万円の人は月16万円程度ということになるね。

高校生　なるほど！　分かりやすいですね。

先生　ただ、ここで気をつけておきたいのは、厚生年金の年金額を考える時、「生涯を通じての平均給与額」が基準になるということだ。

日本の会社員の場合、若い頃は給料が安く、年を重ねるにつれて給料が増えていく人が多いよね。とすると、退職間際の給料で計算すると、「年金支給額が思っていたより低い」という感覚になってしまう。

それに、現在価値に直す計算も必要だし、年金支給開始年齢も変わってきているので、あくまでも目安として「生涯を通しての平均月給の４割ぐらいを、定年後に年金としてもらえる」と思っていて欲しい。

例えば、銀行の預金金利が１％だとしても、40年も預金していたら元本は大体１・５倍になる。つまり、40年先の１００万円といっても、今の価値は、１・５で割って67万円の価値しかない。これで、国民年金はお得なんて断言したら、私もだましたと言われかねないからね（笑）。

「ねんきん定期便」を見ればすべて分かる

先生　そんな計算をしなくても、一番てっとり早く年金の受給額を知る方法が、「ねんきん定期便」を見ることだよ。

高校生　ねんきん定期便って、何ですか？

先生　誕生月に日本年金機構から送られてくるもので、「国は、あなたから、これだけの金額を受け取りました」という領収書のようなものだよ。つまり、これを見れば今までいくら納めたかはっきり分かるようになっている。年金をもらう人にとって、大切な証明書でもあるんだ。

それに、現時点での年金の見込額も記載されていて、自分が受け取る年金額の目安が分かるようになっている。この数字を見て「生活費として足りない」と思う人は、早めに貯蓄や民間の年金保険などで準備することができるということだ。

高校生　それなら、無駄に心配する必要はないですね。

先生　だから、ねんきん定期便が届いた時にはちゃんと確認するべきで、見ないで捨てたりしないようにね。

もしも、誕生月になってもねんきん定期便が届かなかったら、何か不備がある可能性もあるので、すぐに年金事務所に問い合わせたほうがいい。

高校生　ねんきん定期便には、ほかにどんなことが書かれているんですか？

会社が年金保険料をズルしてないかも分かる

先生　まず、「これまでの保険料納付額」という欄があって、累計の納付額が記されている。これが国からの領収書に相当するんだ。

厚生年金の場合、労使折半で会社が半額を負担しているから、国はこの欄に書かれた数字の倍の金額を受け取っていることになるんだよ。

「最近の月別状況です」と書かれた部分には、標準報酬月額「月給」、標準賞与額「ボーナス」とともに、保険料納付額が記入されている。この額を見て、自分がもらった月給、ボーナスの額と大きく違っていないか確認することが大事なんだ。あまりにも低い数字が書かれていたら、会社が数字をごまかして、低い保険料しか納付していない可能性があるからね。

標準報酬月額、標準賞与額は、報酬の額を等級で分けていて少し数字が丸められた金額になるので完全には一致しないはずだけど、おおよその額は分かるはずだ。
ちなみに国民年金の場合は数字ではなく、「納付済」と記載されるよ。
一番大事なのは、「照会番号」（以前は基礎年金番号）の記載だ。この番号があれば、インターネット上で日本年金機構が開設しているサイト「ねんきんネット」を通して、詳細な年金記録を見ることができるんだ。

高校生　サイトでさらに詳しく確認できるんですね！　それなら安心です。

先生　あと忘れちゃいけないのが、「これまでの年金加入期間」の確認だ。未納の時期があると、もらう金額も少なくなってしまうからね。
不審に思うことがあったら、「ねんきんネット」で過去を遡って記録を確認しておこう。

高校生　未納してる時期が長すぎると、年金がもらえなくなってしまうんですよね……？

先生　以前は、加入しても25年以上保険料を納めていない時期があれば、年金を受給できないシステムだったけど、２０１６年の法改正で、10年以上納めていれば、受給できるようになったんだ。

高校生　25年から10年に！　そう聞くと、年金制度って意外と親切な気がしますね。

先生　ただ、保険料負担額が少ないと、当然年金給付額も少なくなってしまうよ。

よく公的年金について「こんなに年金が少ないのか。これでは生活していけない。国は何をやっているんだ」と批判する人もいるけど、単純にそれはその人が納めた保険料が少ないということにすぎないんだ。

もしも老後にもっと年金が必要だとなったら、その時は、個々人でさらに年金を上乗せできる私的年金への加入を検討すればいいだけのことだよ。

年金は破綻しないように設計されている

高校生　大体の年金の仕組みは分かったんですけど、そもそも将来、年金制度自体、なくなってしまうってことはないんですか？

先生　結論から言うと、日本の公的年金制度は破綻しない。今後、よほど酷い制度改悪がない限り、まず大丈夫だよ。

高校生　でも、大丈夫とは言い切れないんじゃ……。

先生　どうして大丈夫かというと、年金というのは「保険」だからだよ。

保険は生きていく上でリスクをカバーするためにあるよね。たとえ長生きできても、体調の問題や肉体の衰えで、働けなくなったら生活費を稼ぐことができなくなる。そうなったら、死ぬしかないのか？　そんな社会であったら、長生きすることは「リスク」でしかなくなる。

そういうリスクがないようにするのが保険であり、中でも長生きした時に備えておくための保険が年金なんだ。リスクをカバーするはずの「保険」が、簡単になくなってしまってはいけないよね？

実際どういう仕組みになっているかと言えば、「早くに亡くなってしまった人」に支払われるはずだった保険料を、「長生きした人」に渡すというものだ。つまり、年金保険加入者のどのぐらいの人がどのぐらいの年齢で亡くなるかを数理計算して作られているのが年金保険なんだよ。

年金保険に限らず、すべての保険は、数理で計算されて成り立っている。それをよく知らない人は破綻すると思ってしまいがちだけど、保険は、割り切っていえば「数学」の世界なんだ。厳密な計算をして「保険料」と「給付額」が出されていて、全体として「保険料」＝「給付額」となるように、額が決められる。もちろん、社会の環境に合わせて計算し直し、調整が行われることはあるけど、最初から破綻しないように設計されているんだよ。

高校生　うーん、具体的にはどういう調整が行われているんですか？

先生　例えば２００４年の改正で、保険料をその時点から２０１７年まで段階的に引き上げて、そこで固定することが決められたんだよ。今は厚生年金は標準報酬の18・３％で、国民年金は月額１万６９００円だよね。また、２００９年度までに基礎年金の国庫負担割合を２分の１にすることも決められた。
その一方で、給付される年金額については、「マクロ経済スライド」が導入されたんだ。

高校生　マクロ経済スライドというのは、何ですか？

先生　「マクロ経済スライド」とは、公的年金財政の収入の範囲内で、末永く、きちんと年金の給付を実行できるようにするため、その時々の現役世代の人口の増減や平均寿命の増減などマクロの社会情勢の変化にあわせて、年金の給付水準を自動的に調整する仕組みのことだよ。
つまり、「年金をちゃんと払えるように、きちんと保険数理で計算しながら給付額を決めていきます」ということだ。しっかりマクロ経済スライドで調整していけば、年金が制度的に破綻する可能性はない、ということになるんだよ。

高校生　じゃあ、もらうお金は、ちゃんと守られているってことですね！

先生　そうだね。保険数理で計算して、年金制度が破綻しないように運営している以上、支払う保険料も、もらえる給付額も、劇的に変動することはないと言えるんだ。

20年後は「1・5人で一人の高齢者を支える」は本当か

先生　社会保障の議論の中で、必ず出てくるのが「現役世代何人で一人の高齢者を支えるか」という考え方だ。

内閣府が発表している「高齢社会白書」平成28年版によれば、今後、65歳以上の高齢者一人を15〜64歳の現役世代が何人で支えるかについて、次のようなデータが書かれているんだ。

2015年は一人を2・3人で
2020年は一人を2・0人で
2030年は一人を1・8人で
2040年は一人を1・5人で
2050年は一人を1・3人で支える

データでは「現役世代」を、15歳以上65歳未満の生産年齢人口としているけど、15歳から働く人は少ないので、実際にはもう少し厳しいデータになるはずだね。

高校生　現役世代がどんどん減っているってことですよね？　2040年は高齢者一人を1・5人で支えるなんて大変じゃないですか！

先生　確かに、この数字だけを見ると、そう思う人が多いだろうね。

もちろん決して楽な状況とは言えないけど、でも逆を言えば、政府がこの数字を出しているということは、年金数理の計算にも、厳しい少子高齢化の状況が、完全にとまでは言わないまでも、きちんと織り込まれているということだ。

それに、「1・X人で一人の高齢者を支えなくてはいけない」というロジックには間違いがあるので、これにだまされないようにして欲しい。

年金制度は「支払う人数」ではなく「金額」の問題

高校生　ロジックに間違いがあるんですか？　現役世代の人数が足りない、ということは一目瞭然ですけど……。

先生　「人数」だけで計算しているところが、このロジックの間違いだよ。

年金について正しく議論をするには、「人数」に「所得」をかけた「金額」を使う必要がある。年金は「人数」の問題ではなく、「金額」の問題だからね。

例えば、昔は高齢者一人の生活を、現役世代6～7人で支えていたことになるけど、その現役世代一人ひとりの給料は今よりも少なかった。今は、その当時より給料が上がってきているからね。給料が2倍になれば、昔の人の2人分になるよね？

年金財政の観点では、頭数より、一人ひとりがどのくらい稼いでいるかが重要なんだ。

つまり、人口が減少しても、それを上回るだけ所得が伸びていれば、大きな問題ではないということだ。

高校生　年金は金額の問題……なるほど。そうすると、お給料をなるべく増やしたほうが安心ですね。

先生　そう、重要なことは、「所得を増やすこと」なんだよ。経済を成長させて、所得を増やしていく。それが年金制度を安定させる一番のポイントなんだ。

それと、さっき「年金をもらえる額は、生涯を通じての平均給与額の4割」と言ったけど、例えば若かった頃の平均月給が10万円だったとしたら、その人の「生涯の平均給与額」はその10万円時代の分も計算に含まれる。

一方、もし経済成長の結果、現在の平均月給がかつての3倍の30万円になったとしたら、納められる保険料も3倍になることになる。そしてそこから高齢者にお金が分配される。

このように、賃金が上がると、それに連動して金額が調整され、経済が成長すればするほど、制度が破綻しづらくなると言えるんだよ。

「経済成長は不要だ」などと主張する人がいるけど、この年金の問題一つとっても、その発想は間違いと言える。さらにはデフレを放置、あるいは助長するような経済政策など、どれほど罪深いかが分かるよね。

高校生　じゃあ少子化問題も、年金にはそれほど関係ないって思っていいんですか？

先生　子どもの数が少なくなっても、その子たちが成長した時、完全雇用状態になり、今よりも稼ぎがいい人が増えれば、それほど問題ないよ。あと、女性の所得が増えてきていることにも注目して欲しい。働く女性は、以前と比べてかなり増えたよね。

そもそも現役世代の減少について、みんなオーバーに捉える傾向がある。1年で現役世代が2割も減るような話なら年金制度への影響は大きいけど、40年で2割減る程度なのであれば、影響はそれほど大きくない。単純平均すれば、1年でわずか0・5%の減少になるので、その分、経済成長できればカバーできるんだよ。

戦争や自然災害が起こって、一気に現役世代の人口が減った時は大きな影響が出るかもしれないけど、毎年少しずつ減っていくのであれば、大した変化は見られないんだ。

それと、人口減少というのは、かなり予測可能な話。実際、2002年に行った人口推計は今でもほとんど間違っていない。今は予測通りに人口が減少しているから、年金の将来もかなり予測できる。だから、あまり心配はいらないんだ。

台風でも進路が予測できれば被害を少なくできる。まして、人口減少はすごく先の話まで分かっているんだから、年金が破綻するようなことになるはずがないんだ。

国民年金の未納率が4割もあるってホント？

高校生　あと、年金を納めない人がたくさんいて、高齢者に支払われるお金が足りなくなるっ

図42　公的年金制度全体の状況

公的年金加入対象者全体で見ると、約97％の者が保険料を納付（免除及び納付猶予を含む）。
未納者(注1)は約224万人、未加入者(注2)は約9万人（公的年金加入対象者の約3％）。

公的年金加入者の状況（2014年度末）

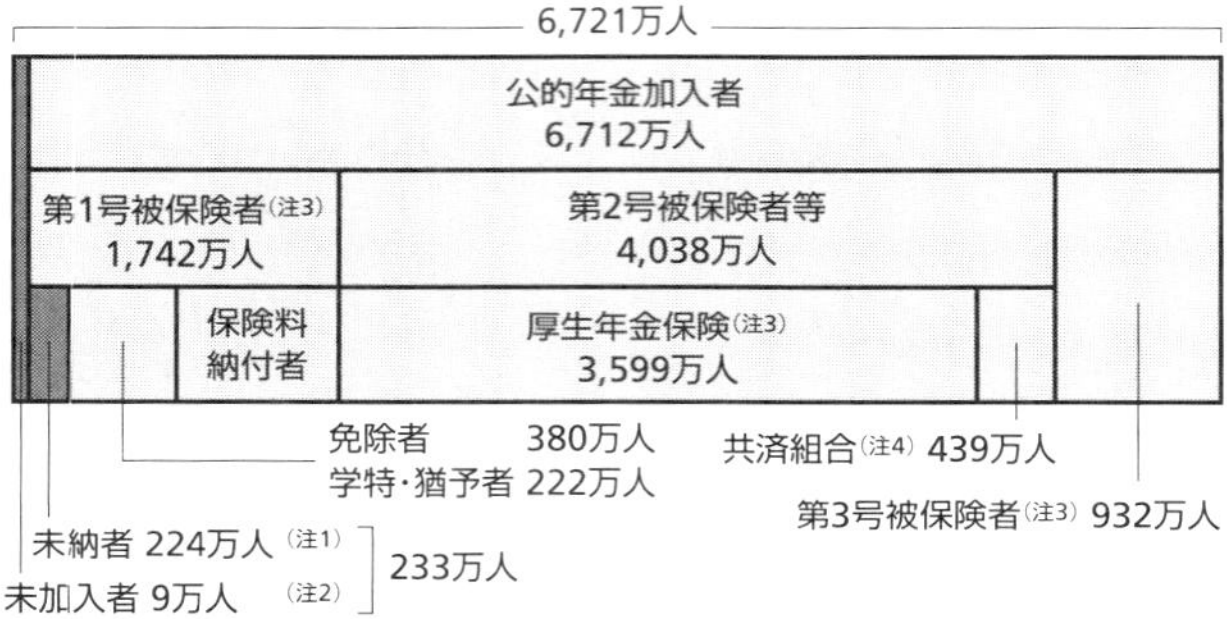

6,721万人

公的年金加入者
6,712万人

第1号被保険者(注3)
1,742万人

第2号被保険者等
4,038万人

保険料
納付者

厚生年金保険(注3)
3,599万人

免除者　380万人
学特・猶予者　222万人

共済組合(注4)　439万人

第3号被保険者(注3)　932万人

未納者 224万人　(注1)
未加入者 9万人　(注2)
233万人

注1）未納者とは、24カ月（2013年4月～2015年3月）の保険料が未納となっている者。
2）従来は公的年金加入状況等調査の結果をふまえた数値を掲記していたが、2007年度及び2010年度に未加入者の調査を実施しなかったため、2004年度までの結果に基づき線形按分した2007年度の数値を仮置きしている。
3）2015年3月末現在。第1号被保険者には、任意加入被保険者（24万人）が含まれている。
4）2014年3月末現在。
5）上記の数値は、それぞれ四捨五入しているため合計とは一致しない場合がある。
6）2015年3月末現在、第2号被保険者、第3号被保険者である者の中には、2013年4月～15年3月の間に第1号被保険者であった者で未納期間を有するものが含まれている。

出所：https://www.mhlw.go.jp/file/04-Houdouhappyou-12512000-Nenkinkyoku-Jigyoukanrika/0000089760.pdf

て聞いたことがあるんですけど……。

先生　確かに「国民年金は未納率が４割もあるから危ない」と、年金破綻を危惧する声もある。でも、上の図42を見ると、未納率が実際と違っていることが分かるはずだ。

２０１４年度末に公的年金加入対象者は約６７２１万人だった。それに対して未納者は約２２４万人、未加入者は約９万人。つまり、本当に支払っていない人は「（２２４万人＋９万人）÷

6721万人＝0・0346」で約3％しかいないんだよ。

高校生 じゃあ、「未納率4割」という数字はどこから出て来たんですか？

先生 それは免除されている第3号被保険者932万人や、第1号被保険者の中の「免除者380万人」「学特・猶予者つまり在学中の保険料納付の猶予申請をした人222万人」なども含まれているからだよ。

制度上、特例として保険金の免除を認められている人を「未納」扱いして、「未納率が高くて大変」と騒ぎ立てるのは、違和感を覚えるよね。

いずれにせよ、未納率が全体の数％であれば、年金数理上、大きな影響を与えないと言えるんだ。

高校生 なんだ、ほっとしました……。

先生 ここまで見てきたように、世間に浸透している「年金破綻説」は、大体間違っていると言える。年金の制度そのものについては、かなり持続可能性の高い制度になっているので、それほど心配する必要はないんだよ。

ただ、本当に公的年金が危なくなるとすれば、それは「日本が長きにわたって経済成長をしなくなった時」だ。この場合、残念ながら年金だけでなく、すべての社会保障が危機に瀕するだろう。そういう意味では、年金のために国がやるべき一番重要なことは、まさに経済政策だ。

これまで取り上げてきた「日銀による誤った金融政策」や「財務省による誤った消費増税政策」といった誤った政策は、今後は絶対に避けたいところだ。

高校生　結論として、やっぱり年金には入っておくべきですね。

先生　答えはイエスだね。単純に計算すれば、平均寿命くらいまで生きた人は大体得をするにもかかわらず、未納や滞納の人がいるのは、非常にもったいないことなんだ。マスコミなどによってあおられ、「どうせもらえないから、保険料を納めたくない」という若い人もいるけど、それが間違った解釈であることは、これまで説明してきた通りだ。

そもそも払った分をもらえないというのは、若死にする場合。誰にも自分の寿命が正確には分からないということを考えれば、「年金をもらえない」とする意見が、奇妙な意見だということがよく分かるだろう。

本来、公的年金は任意のものではなく、強制徴収の対象になっている。だから年金不安をあおる言説にだまされることなく、まずは保険料を納めて、公的年金を老後資金のベースにすることが大切なんだ。所得が少なくて、どうしても納められない時には、保険料免除の申請をしたらいいよ。

高校生　保険料が免除されるケースがあるんですか？

先生　そう、日本の場合、所得が低くて保険料を納めることができない人には、保険料免除の制度があるんだ。また第3号被保険者も、保険料を納める必要がない。

高校生　第3号被保険者……？

先生　日本の国民年金では、加入者は3種類に分けられているんだ。日本年金機構の用語解説に従えば、次のような定義になっているよ。

・第1号被保険者：20歳以上60歳未満の自営業者・農業者とその家族、学生、無職の人等、第2号被保険者、第3号被保険者でない者

・第2号被保険者：民間会社員や公務員など厚生年金の加入者（この人たちは、厚生年金の加入者であると同時に、国民年金の加入者にもなる）

・第3号被保険者：厚生年金に加入している第2号被保険者に扶養されている20歳以上60歳未満の配偶者（年収が一定金額未満の人）

つまり、第3号被保険者とは、簡単に言えば「サラリーマンや公務員の配偶者で、年収が一定金額未満の人」、分かりやすい例が専業主婦・主夫ということだ。

なぜ、この人たちは年金を免除されるかというと、日本政府が、「低所得者や専業主婦・主夫は、社会全体として支えるべき存在である」という認識を持つからだ。その考え方に基づき、第3号被保険者の分の国民年金の保険料は、その他の第1号被保険者や第2号被保険者が肩代わりしたり、国庫から負担金を出すことによって支えているんだよ。

高校生　公的年金って、ほとほと手厚い作りになってるんですね。

先生　中には「年金の保険料を納めずに、いざという時は生活保護をもらえばいい」と考えている人もいるかもしれない。

実際、基礎年金の金額よりも、生活保護の金額のほうが多いから、得だと思うんだろうね。

でも生活保護を受ける人が、豊かな生活をできるわけではないんだ。生活保護を受けるには財産を調べられ、財産を持っていれば「そのお金で生活しなさい」と言われて、終わり。

仮に受けられるとしたら、ほとんど財産がない状態というわけで、そんな老後を迎えるのは、かなりのリスクと言える。

それよりも公的年金保険料をきちんと支払って、年金受給権を得ておいたほうが、ずっと安心できるはずだよ。

第5章 老後の生活防衛・完全マニュアル

私的年金を活用しよう

先生　国民年金と厚生年金からなる公的年金は、安全性も高いし、すごくお得な制度なので、お金を納めず老後に年金をもらえなくなるっていう事態は絶対に避けるべき、ということはもう分かったかな。

高校生　もちろんです！　まず公的年金をちゃんと支払う、ですね。ただ満額払っても、年金だけでは食べていけないっていう話も聞くんですけど……。

先生　公的年金は、196ページ以降で述べたように、会社勤めの人は、現役時代の平均月給の4割ぐらい。これだけでは足りないと思う人は、金融商品を活用して老後に備えることが必要だね。

　金融商品と一言で言っても、私的年金を含め、貯蓄型のものがたくさん出回っているから、より確実性の高い商品を選んで、効果的に蓄えを増やすことをおすすめしたいね。

高校生　確実性の高いもの、ですか？　具体的に選ぶポイントってありますか？

先生　そうだね。金融の専門家ではないので、あくまでも個人的意見だけど、私なら次の2つのポイントを重視するよ。

①税制の恩典があるか
②手数料がどのくらいか

だよ。

高校生　税制の恩典……？

先生　「税制の恩典」っていうのは、その商品を使うと税金が安くなるという特典があること

　税制の恩典は一番確実な利回りなんだ。「この商品は、高い利回りで運用しています」と言われても、私ならその商品を選ばない。今後の経済状況によっては高い利回りで運用できるとは限らないからね。それより確実にメリットのある、税制の恩典を重視したほうがいい。

高校生　でも、将来的に利回りが高そうな投資先だったら、そっちのほうがお得なんじゃないですか？

先生　その理由は、そんな魔法のような投資先はめったにないからだ。もし、ある人がそんな投資先を知っていたとしたら、誰にも教えず、自分だけ儲けようとするはずだよ。

　つまり、そんな投資先を本当に知っているとしたら、自分だけでその投資先に投資したほうが絶対に儲かる。だから金融機関の営業マンが「絶対に儲かる」と公言するような投資先は、実際はあやしかったり、不確実なものだと言えるんだ。だからそんな覚束(おぼつか)ない「利回り」なん

かより、絶対に利益になる税制の恩典を重視したほうがいいよ。

高校生　税制の恩典について、もっと詳しく知りたいです！

私的年金でサラリーマンはこんなに得する！

先生　例えば、私的年金の「個人型確定拠出年金iDeCo」は、掛け金の金額が課税所得から差し引かれる「所得控除」の対象になるから、所得税・住民税を軽減できるんだ。以前は主にサラリーマンが対象になっていたけど、法改正によって、公務員や主婦・主夫も入れるようになった。

同じ私的年金なら、自営業者は先にも言った通り「国民年金基金」に加入することができる。これも同じく保険料が所得控除の対象になり、減税につながるから、余裕がある人は全員加入して欲しいぐらいだよ。

「個人型確定拠出年金」も「国民年金基金」も、所得控除には限度額があるけど、限度額ギリギリまで使うと、大きな節税になるんだよ。

高校生　所得控除で、所得税と住民税を減らせる……。それは、どういうことですか？

先生　まず所得税というものは、課税所得が多い人ほど税率が高くなる。つまり、所得が多い人ほど税金が高くなる仕組みなんだ。だけど、この私的年金を活用すると、所得から掛け金分の金額を全額差し引いて、税金を計算することができるんだよ。

課税所得が４００万円で、所得税20％、住民税10％の例で考えてみよう。

勤務先に厚生年金以外の独自の年金制度がないサラリーマンが、「個人型確定拠出年金」を限度額の上限である年間27万６０００円利用した場合のことを考えると……。

・個人型確定拠出年金を利用しなかった場合の所得税＝課税所得４００万円×所得税20％＝80万円
・個人型確定拠出年金を利用した場合の所得税＝（課税所得４００万円－個人型確定拠出年金27万６０００円）×所得税20％＝74万４８００円
・よって個人型確定拠出年金を利用した場合の所得税の節税額は、80万円－74万４８００円＝５万５２００円
・個人型確定拠出年金を利用しなかった場合の住民税＝課税所得４００万円×住民税10％＝40万円
・個人型確定拠出年金を利用した場合の住民税＝（課税所得４００万円－個人型確定拠出年金

27万6000円）×住民税10％＝37万2400円

・よって個人型確定拠出年金を利用した場合の住民税の節税額は、40万円－37万2400円＝2万7600円

結局、所得税が5万5200円、住民税が2万7600円、合計8万2800円節税できることになる。つまり、「個人型確定拠出年金」に入ることで、理論上は年間8万2800円を追加で貯金に回すことができるんだ。

年収が高く、税率の高い人なら、さらに多くの節税ができるようになる。ただ、これはザックリ計算しただけなので、実際には各自で計算したり、税理士さんに相談してみて欲しい。

自営業者もこんなに節税できる！

高校生　確かに、それなら利率を気にするより確実ですね！　自営業者の場合はどうなんですか？

先生　自営業者の「国民年金基金」の場合、掛け金の限度額は月額6万8000円（つまり、年間だと81万6000円）と高めに設定されているんだ。こちらも掛け金は所得から全額控除されるので、税制の恩典もその分、大きくなる。

先程の課税所得が400万円、所得税20％、住民税10％の例で考えてみると、自営業者の人が、「国民年金基金」の掛け金の限度額である年間81万6000円まで掛け金を支払った場合、次のような節税効果が生まれるよ。

・**国民年金基金を利用しなかった場合の所得税**＝課税所得400万円×所得税20％＝80万円
・**国民年金基金を利用した場合の所得税**＝（課税所得400万円－国民年金基金81万6000円）×所得税20％＝63万6800円
・**よって国民年金基金を利用した場合の所得税の節税額は、**80万円－63万6800円＝16万3200円
・**国民年金基金を利用しなかった場合の住民税**＝課税所得400万円×住民税10％＝40万円
・**国民年金基金を利用した場合の住民税**＝（課税所得400万円－国民年金基金81万6000円）×住民税10％＝31万8400円
・**よって国民年金基金を利用した場合の住民税の節税額は、**40万円－31万8400円＝8万1600円

したがって所得税が16万3200円、住民税が8万1600円、合計24万4800円を1年間で節税できることになる。しかも、10年、20年と続けていくと、節税分もそれだけ増えていくので、かなりお得なんだよ。

ちなみに、自営業者の人は、この「国民年金基金」と併せて月額6万8000円の限度額までなら、「個人型確定拠出年金」にも入ることができるから、より多くの年金を受け取りたい人にとってはおすすめだよ。こちらも、詳しくは税理士さんに聞いてもらえればと思う。

高校生 個人事業主でも、自主的に年金を2階建て、3階建てにできるってことですね！すごく勉強になりました。「国民年金基金」や「個人型確定拠出年金」以外に、民間で売っている他の「年金商品」はどうですか？

先生 そういう他の民間で売り出している「年金商品」って「個人年金」とか「個人年金保険」と呼ばれている金融商品だね。

それらの金融商品を、税制恩典という面から見ると、「国民年金基金」や「個人型確定拠出年金」と比べると、かなり劣っていると言わざるを得ないね。

高校生 そうなんですか！

先生 より具体的に言うと、そういった「個人年金」とか「個人年金保険」って呼ばれる金融商品に新規に加入する人は、所得税の保険料控除が最高4万円、住民税の保険料控除が最高2

万8000円までと上限があるんだ。これに個人の収入によって異なる税率をかけた分が節税できる金額ということになる。

こういった商品に、「個人型確定拠出年金」の年間限度額である27万6000円を投資しても、自営業者であってもサラリーマンであっても、所得税の保険料控除が最高4万円、住民税の保険料控除が最高2万8000円までという上限があるから結局、所得税20％、住民税10％の人の場合……、所得税が最高控除額の4万円×所得税20％＝8000円、住民税が最高控除額の2万8000円×住民税10％＝2800円で、合計1万800円の節税にしかならないんだ。つまり、全額控除できる「個人型確定拠出年金」の8万2800円とは7万2000円の差があるという有様だ。

高校生　税制面から見たら「個人型確定拠出年金」と「国民年金基金」がおすすめということですね？

先生　実際に個別の詳しい話は税理士さんに相談してもらえればと思うけど、ザックリ言えば、そういうことになるね

気をつけるべき金融商品

高校生　では、貯蓄型商品を選ぶ時のもう一つのポイント、「手数料」についてお聞きしても

いいですか？

先生　税制の恩典を受けられても、手数料をたくさん取られたら意味がないからね。実は多くの金融商品が、販売会社の格好の手数料稼ぎの手段になっているから、ぜひとも気をつけて欲しい。

高校生　手数料稼ぎ！　それはイヤですね。特に注意したほうがいい商品ってありますか？

先生　手数料の高さで気をつけたいのは、一般の保険商品だね。

　特に死亡保険・生命保険の場合、死亡などの事故が発生したら多額の保険金を受け取れるけど、逆に何も起こらなければ掛け捨てになる。多額の保険金を用意できるのは、この何も起こらない人のほうが圧倒的に多いからなんだ。もらう時は高額なので気づきにくいけど、こういう商品は保険会社がたくさん手数料を取っているんだよ。

高校生　なるほど、確かに死亡保険って高額っていう印象が強すぎて、手数料のことなんて考えたことありませんでした。

先生　ちなみに保険商品には、この死亡保険のような掛け捨て保険と、貯蓄型保険の2つがある。貯蓄型保険は、保障額はあまり高くないものの、満期になった際にお金が戻ってくるので貯蓄としての役割を果たすんだけど、これも手数料に要注意だ。

高校生　保険会社が扱う貯蓄型保険って、いかにも信用できそうなのに……。

先生　実は、貯蓄型保険といっても、その中身は、「掛け捨て保険」と「投資信託」を組み合わせて作られているんだよ。

投資信託とは、金融商品の一種で、信じて託すの名の通り、「一般の投資家が、証券会社等で資金の運用を行っているプロの投資家・ファンドマネージャーに、自分の資金の運用を任せるように作られた」商品のことだ。

通常の投資信託の手数料自体は2〜3％程度なんだけど、掛け捨て保険と組み合わせた商品の場合、手数料はそれより高くて、商品によっては10％近いものもある。つまり、どれだけ掛け捨て保険の手数料が高いかっていうのが容易に想像できるよね。

【手数料】投資信託＜貯蓄型保険（投資信託＋掛け捨て保険）＜掛け捨て保険

高校生　そっか。掛け捨て保険の要素が入っていると手数料が高いんですね。でも、そういうことって、選ぶ時に分かるんですか？

先生　まさに最近になって、金融庁は貯蓄型保険の手数料の開示を求めるようになったんだ。貯蓄型保険は、銀行窓口などで販売され、保険会社が銀行に手数料を支払っているんだけど、金融庁の開示要求に対して全国地方銀行協会は強硬に反対した。

それでも金融庁の意向によって、今、開示の方向に進んでいるんだよ。

高校生　銀行が嫌がるのは手数料が高いってことを知られたくないからですよね……。

先生　そうだね。でも、本来、私は貯蓄型保険に限らず、すべての金融商品の手数料を開示すべきだと思うよ。ただ保険会社は今よりもっと反対するかもしれないけど……。

高校生　そんな中、手数料も考慮してイチオシの商品とか、ありますか？

先生　その点でもおすすめなのが、さっきも言った「個人型確定拠出年金（iDeCo）」だよ。税制の恩典がある上に、この商品は、販売金融機関に支払う運営管理手数料が安いというメリットがあるんだ。

逆に金融機関は手数料をあまり取れないので、今までそれほど積極的に売ろうとしなかった。でも2017年1月から、加入できる人が、公務員や主婦・主夫にまで拡大されると、積極的に販売するようになった。「個人型確定拠出年金」の資産は、原則として60歳まで引き出せないから、金融機関にとっても幅広く使われたら安定収入になると考えたんだ。

高校生　下手な保険商品より、「個人型確定拠出年金」のほうが安心なんですね。

先生　ただ、「個人型確定拠出年金」にも、注意して欲しいことがある。それは販売会社選びだ。加入する際は、窓口となる「運営管理機関」から商品を選ぶことになるが、実際に商品を運用しているのは別の金融機関で「商品提供機関」と呼ばれる。

つまり、2つの手数料が発生することになり、気をつけるべきなのは「商品提供機関」に支払う管理手数料である「信託報酬」だ。信託報酬が年率0・4％以上かかるような会社は選ばないようにしよう。せっかくの税制の恩典が、高い手数料で元も子もなくなってしまうからね。

また、「確定拠出年金」を入り口に、別の商品を売りつけてくる会社も多いので要注意だ。旅行、宿泊、買い物を優待価格で利用できたり、残高が一定額を超えると口座管理手数料を無料にするなど、いろいろな特典をつけてくるところがある。そういう会社は、特典というエサで釣り、最終的に別の商品も売ろうとしている可能性が高いんだ。変額保険のような手数料の高い商品や、税制の恩典のない投資信託を買わされないよう、信用できる相手かよく見極めないとね。

高校生　気をつけるべきは、手数料と会社選び……覚えておきます。

インフレに強い商品もおすすめ

高校生　お金に余裕がある時の投資先を考える場合に、その他で気をつけるべきことはありますか？

先生　それは、インフレヘッジの問題だね。

高校生　インフレヘッジ……、ですか？

先生　「ヘッジ」とは「避ける」という意味で、「インフレになっても大丈夫なように備えること」を言うよ。前の章でも話した通り、公的年金はマクロ経済スライドが導入されているから大丈夫だけど、「個人型確定拠出年金」などの私的年金は、積立方式であるがゆえに、インフレヘッジが必要になる。例えば、何かに投資するにしても、インフレ率よりも高い運用益を上げないと、受け取る時に結局利益が目減りしてしまうこともあるからね。

高校生　インフレに強い商品というと、例えばどういうものがありますか？

先生　一番は「物価連動国債」だ。これは物価と連動している国債なので、インフレ率を気にして自分で運用する必要がない。ぜひ、これをおすすめしたい……と言いたいところだが、現在は、「物価連動国債」を個人が購入することができなくなっているんだ。もし「物価連動国債」を個人向けに売り出したら、年金に入る人が少なくなるからかもしれない。

高校生　そんなにいい商品なのに……手に入れる方法はないんですか？

先生　保険会社や信託銀行が反対するので、財務省は個人向けに売り出そうとしないんだよ。ただ、投資信託で買うことができるけど、投信を買う時点で手数料を取られるので、この仕組みではあまり国民のためとは言えない。私が、国債課の担当であれば、ネット上ですぐに売り出したいくらいだ。そうすれば、間に入る証券会社も銀行もいらなくなるからね。

高校生　ではその次のおすすめ商品と言えば、何ですか？

先生　次善の策として「変動10年」という個人向け国債がある。これは満期が10年のものだが、最低金利が決まっていて、半年ごとに金利が変動するんだよ。

「変動10年」の金利はだいたい短期金利と連動している。現在は短期金利がマイナスなので、本当はマイナスに連動するはずだが、最低金利が0・05％に固定されているので、そうはならない。マイナス金利の現在は、この商品が一番お得と言えるね。おそらく商品設計した時に、まさかマイナス金利になるとは思ってもいなかったのだろう。

金利が上昇すると、この国債の金利が上がり、マイナス金利になった時でも金利がつく。国債だから元本は保証されているし、インフレをあまり心配する必要のない、ありがたい商品だよ。

まとめると、何も考えずに一番簡単にインフレヘッジできるのが、「変動10年」。国債は一度買ったら金融機関の口座に置いておくだけ。口座手数料は大した額ではないので、10年間そのまま置きっ放しにすれば、自動的にインフレヘッジされるはずだ。

高校生　金融商品にはホントにいろいろなタイプがあるんですね。選ぶコツのようなものは、見えてきた気がします。

先生　お金を少しでも安全に増やすには、まずは本当のことを知ることが大事だということは分かってもらえたかな？

また、貯蓄とは別に、老後になっても働く方法を考えてみるのもいいかもしれない。それが一番、ゆとりある暮らしと健康のためになるからね。

いずれにせよ、安全性の高い「公的年金」をベースにしながら、民間商品の特徴をうまく組み合わせて、老後のために「必要以上に怯(おび)えずに」備える、というのが理想の形だと思うよ。

最後に強調しておきたいのが、年金は長生きした時のために掛けておく「保険」だということ。きちんと保険を掛けておけば、安心して老後を迎えることができる。

自分と大切な家族のための人生。変な「思惑」が入った情報に踊らされて、損したりしないよう、本当のことを知る努力を続けて欲しい。そして、具体的な金融商品を購入する時には、信頼できる第三者の専門家の意見もよく聞いたほうがいいよ。

高校生　分かりました。ちゃんとした知識があれば、必要以上に将来を恐れることはないんですね。ようやく眠れない日々から解放されそうです。本当にありがとうございました！

終章 なぜ国民に真実が伝わらないのか

報道の99%が大規模金融緩和を否定していた

「日本経済は危機的状態にある」「年金は破綻寸前にある」——そんな言説がいかに誤りか、そして日銀と財務省がいかに間違ってきたかは、もうお分かりいただけたと思います。

同時に、あることに気づかれた方も多くいるのではないでしょうか。それは、日銀や財務省に限らず、日本のマスコミも、まったく同じような誤った認識を持っていたということです。

すでにお話しした通り、黒田日銀による大規模金融緩和が行われることになった時、日本のマスコミは、「効果がなく弊害のほうが大きい」「ハイパーインフレが起きる」といったネガティブな言説を取り上げました。

次の文章は、黒田日銀が成立する直前の朝日新聞の社説の中の一節です。

朝日新聞の社説「政府と日銀——金融緩和は魔法の杖か」（2012年12月20日）

次期政権を担う安倍自民党総裁が、日銀に大胆な金融緩和を迫っている。（略）

選挙中から、もっと緩和さえすれば景気はよくなるかのような主張が飛び交った。

だが、金融緩和は魔法の杖ではない。日銀も、高いインフレ目標を無理に達成しようとすると、さまざまなリスクや副作用を招くと指摘してきた。

収入が増えない家計が物価高を警戒して節約に走れば、景気はさらに悪くなる。企業に設備投資などの資金需要がない中で大量にお金を流しても、効果は乏しい。緩和が空回りしたまま日銀が国債を買い続ければ、財政不安が高まる――。いずれももっともな目配りである。

このように実際のところ、日本の報道の99％が大規模金融緩和を否定的に見ていたのです。しかも、その否定的報道の中身が、財務省や黒田総裁誕生以前の日銀の主張とことごとく一致していました。それこそ一致率は99％と言っても過言ではありません。

日本に間違った経済情報が出回る仕組み

なぜ、マスコミの経済報道と財務省と日銀の考え方が一致していたのでしょうか？　実は、この国の不幸はそこにあります。

すなわち日本の経済に詳しい報道機関が、財務省と（黒田総裁誕生以前の）日銀の第二の広報機関のようになってしまっていた結果、マスコミの人たち自体が、財務省や黒田総裁誕生以前の日銀の考え方とまったく同じ経済政策観を持ってしまったのです。

その原因として「記者クラブ」の存在があります。記者クラブとは、公的機関などの取材を目的とした記者で構成される組織で、スポーツ、芸能などを除く取材網のほとんどは、各省庁、国会、政党、警察、裁判所などに設置されたこの記者クラブによるものなのです。基本的に、情報源は諸機関のため、為政者の情報提供による広報活動という体になりやすいのです。

当然、財務省と日銀にも記者クラブは存在していて、それぞれ「財政研究会（財研）」「日銀クラブ」という名です。

さらに日本の報道の多くが、各メディア・マスコミの独自取材に基づくものではなく、各省庁の発表を「客観報道」という名を借りて、ほぼそのまま流しているものが多いのです。

金融政策と財政政策に関する報道は、その専門性が高いこともあって、多くが日銀と財務省の発表をそのまま形にしたものです。

私が役人だった頃、財研所属の記者と接したことがあり、実情をよく知っています。

役所内には記者クラブ所属記者が過ごすための部屋があり、食堂で役人と食事をすることも、アポなしで役人の取材にいくこともできます。また、役所側から何か発信して欲しい情報がある時は、記者へのレク（レクチャー：役人による説明）が行われます。

このレクの内容は、当然どの社に対しても同じ内容のため、マスコミ各社仲よく同じ記事を書くようになるのです。「特オチ」を出さず、安心材料を一律で伝えられる状態と言えるでしょう。ちなみに「特オチ」とは、「特ダネ」の逆で、多くの報道会社が報じていることを、その社だけが報じていない状況を指し、記者にとって不名誉なことになります。

言ってみれば、記者クラブは、役所にとって同じ屋根の下で働く第二広報室のような存在なのです。役所からの資料と情報提供ありきで報道している彼らにとって、自分たちで過去のデータを調べて真実を分析するなど、到底できません。

かつて、東京・中日新聞社の論説委員だった長谷川幸洋氏が、論説委員の現役当時にWEBRONZAの取材に答え、次のように証言しています。

――長谷川さんがそのような、メディアやジャーナリストは自立すべきだと認識に至ったのは、いつごろですか？　ご著書の『日本国の正体』の中でも、「『御用ジャーナリスト』の末端のように思われても仕方がないような面もあった」（12ページ）などと、ご自身が霞が関の官僚の「ポチ」だったことを告白されていますよね。それが変化した転機というのはなんだったのでしょう？

長谷川　私は46歳のときに論説委員になって、もう14年も論説委員をしていますが、最初のうちは取材記者の延長線上でした。相手の言っていることを深く知ることが大事だと思って、とりわけ財務省の人たちとは徹底的につき合いました。「日本の消費税は25％にすべきだ」と、最初に出した本『経済危機の読み方』（講談社現代新書）に書いて。

そうしたら財務省が大喜びしてね、主計局にいた木下康司さん（現主計局長）がスカウトに来て、財政制度等審議会に臨時委員として入ることになりました。そのとき「委員になれば、長谷川さんが欲しがるような材料はいくらでもあげますよ」と言われましてね。だって私は「小泉政権が消費税の増税を封印したのはけしからん」と書いたりしていたんだから。財務省が喜ぶのは当たり前です。主計局調査課に大きなロッカーがあるんですが、ここには最新版の財政資料がなんでも入っている。「長谷川さん、ここにあるのは何を使ってもいいですよ」と言われました。

——俗に言うと、特ダネの宝庫となるようなペーパー類の山?

長谷川　それこそ、もう取材する必要がなくなってしまう。財務省の課長以上は財政についての「対外的な説明の流れ」というペーパー集を持っています。これはロッカーの資料よりも、もうちょっと詳しいんです。それを彼らは半年に1回くらいの割合でアップデートしている。課長以上はみんなこれを持っているから、実は、記者がどの課長に取材しても答えは同じになるんです。私はその紙ももらっていたので、そもそも取材する必要がない。財務省が対外的に言いたいことは全部、そこに書いてあるんですから。

この記事の内容からも、財務省がどれほど記者を取り込んでいるかがよく分かります。

実際、財研にいると、財務省に頼らずに記事を書くことは困難です。それだけ財政の話は専門的であり、相違があると大変なので、記者は財務省の力なくして仕事ができないのです。

私は、役所を辞めて以降、財務省寄りではなく、異なる意見も聞きたいという「ジャーナリストの良心」を持つ財研所属の記者の人と何度か話したこともあります。

そういう人たちには、ほかの人より丁寧にレクしたものでしたが、誰一人としてそのスタンスは長続きしませんでした。批判記事を書くと仕事に支障が出てしまうからと、あきらめてしまうのです。

財研は、財務省内に部屋を設けてもらって、財務官僚と同じ屋根の下で同じ勤務時間で働き、食堂も共有し、アポなしで取材できるメリットをもらうわけですから、言いなりになるのは仕方ないというのが記者たちの心境でしょう。

財研から財務省と異なる言説が出てこないのは、こういうわけです。記者としてやっていくには、財務省の意見にひたすら賛同するか、あるいは自分の中の良心をひたすら殺すか、どちらかしかないのです。とはいえ、多くの記者たちは、財務省の空気にどっぷり浸かるうちに、考え方自体、自然と財務省寄りになっていくものでした。

ちなみに長谷川氏は、私のレクを受けて、珍しく財務省とは異なる意見を持ち、その考えを表明するようになった人です。その時のことを長谷川氏自身が、同じくWEBRONZAの取材に答えて、次のように言っています。

——普通の記者はたいてい、そこで大喜びとなって、「俺はこの分野で一生飯が食える」と思っちゃうじゃないですか、それをそうじゃないと思えたのはなぜなんですか。

長谷川　取材しているときに、たまたま髙橋洋一さんに出会ったのです。岩田規久男先生の『金融政策の経済学』（1993年、日本経済新聞社）という本があって、そこで先生は日銀理論への批判を展開していて、この議論は正しいなと思っていたら、髙橋さんが「週刊東洋経済」や「週刊エコノミスト」に書いていた論文に出会ったのです。髙橋さんは岩田先生とも交流が深かった。それで彼に電話したら「こいつはすごい」と思って。2003年ぐらいだったかな。

そうしたら小泉政権で彼が竹中大臣の補佐官になって郵政改革を始めた。呼び出して話を聞いていたら、最初、彼は私をスパイと思っていたようなんだ。「財政審委員なんてどうせ財務省の犬だから、俺の動向を探りに来たのか」と警戒されてしまって。話しているうちに、確かに日本の財政はたいへんな状況ですが、霞が関の現状を何も変えないで、現状がたいへんという話に過ぎない、と。髙橋さんは「現状をどう変えるか」というところにポイントがあって、現状を変えれば財政はそんなに大変ではない、と。それで「目からうろこ」の気がしました。

――じゃあ転機は髙橋さん？　現状を変えるとは小さな政府？

長谷川　そうですね。

財務省とマスコミによる洗脳は強力である

日銀の日銀クラブは、ある意味これ以上に閉鎖的かもしれません。そこに入りさえすれば、ネタに困らず安泰なので、おのずと日銀目線が徹底され、記者たちは気づいたら日銀の応援団と化してしまうのです。

日本の経済報道は、こういう構造から、財務省と日銀の意見・発表を横並びで垂れ流すという状態になっています。そして、情報源である財務省と日銀が誤った分析をしたため、そのまま日本の経済情報が誤りに満ちたものになってしまったのです。この惨状がもう20年以上も続いており、それこそが、日本経済を幾度も奈落の底に叩き落としてきた元凶と言えます。

私はここで、改めて嘘偽りのない情報として言っておきます。今もなお浸透している、「日本の右肩上がりの成長は終わった」「財政破綻が起きる」という言説は、誤った財政・金融政策によって巻き起こされた、誤った認識です。そして、その誤った認識を広めたマスコミの罪もまた重いのです。

……と、つい力が入ってしまいましたが、ここで言及しておきたいのは、日銀には、黒田総裁によっていくらか事実が検証され、金融緩和政策に親和的なムードも高まってきています。

もちろん、強固な反対派も存在しますが、内部から好転してきていることは十分感じられます。

そんな今、向き合うべき一番の問題は、「財務省が進めている消費増税政策には、99％のメディアが『増税やむなし』という姿勢」ということです。

例えば毎日新聞は、２０１８年11月21日の「借金まみれの平成の教訓」という社説の中で、次のような記事を書いています。

日本の財政が危機的状況にあることは明らかだ。国と地方の借金総額は国内総生産（GDP）の2倍以上に上る。巨額の軍事費を大量の国債で賄い、破綻寸前だった第二次世界大戦末期に匹敵する水準である。

しかもこれから少子高齢化に伴う人口減少がますます進む。借金が膨らむほど、将来世代が背負う一人あたりの負担はどんどん重くなる。

平成は日本経済の転換期だった。バブル景気がはじけ、低成長が当たり前になった。環境が変わった以上、財政も漫然と借金に頼らず、負担を分かち合って高齢化を支える仕組みにすることが欠かせない。国民に理解を求めるのは政治の役割だ。

なのに首相は現実離れした高成長と税収増を当て込み、歳出抑制や負担増にほとんど手をつけなかった。

先月には2回延期した消費増税を来年10月に行うと表明したが、来年度予算案には大型景気対策も盛り込む。負担先送りに歯止めをかける増税本来の理念はかすむばかりだ。


本書を読んだみなさんは、この社説がいかに間違っているか、もうお分かりでしょう。

「国と地方の借金総額は国内総生産（GDP）の2倍以上に上る」「将来世代が背負う一人あたりの負担はどんどん重くなる」という点で危機感を訴えていますが、債務残高を単純な「額」で見てもさほど意味を持たないし、将来負担は、「人数」だけではなく「人数」に「所得」をかけた「金額」で見なければ実態がつかめません。

「バブル景気がはじけ、低成長が当たり前になった」「現実離れした高成長と税収増を当て込み」という言い分は、本書で否定してきた「日本はもう成長できない」という言説の最たるものです。

改めて「日本はもう成長できない」を問う

「日本はもう成長できない」――この説は、本書全体を通してさんざん否定してきたつもりですが、ここで再度データをもって訴えようと思います。今後の日本の成長を具体的に数字で表すと、名目ＧＤＰ成長率で言うと、４％の成長が可能なのです。

その根拠は左の図43です。

これは、２０００年代の先進国の平均値をとった名目ＧＤＰ成長率とインフレ率とを表しています。図の中の線（Ａ線）は、点だけでは配置がバラバラで、各点がそこにある意味が分かりづらいため、２組のデータの中心的な分布傾向を視覚的に分かりやすく示すものです。このＡ線の傾向から分かることは、名目ＧＤＰ成長率とインフレ率との間には相関関係があり、インフレ率が２％近辺になると、インフレ率が高くなるほど名目ＧＤＰ成長率も高くなる傾向があるということです。

言い換えれば、名目ＧＤＰ成長率を高めるには、２％前後、あるいはそれ以上のインフレ率が必要ということです。

日本はというと、インフレ率が若干のマイナス、名目ＧＤＰ成長率も若干のマイナスにとどまっています。長らくデフレ傾向が続いたため、２０００年代の間、経済が伸び悩んできたということがよく分かります。

図43　先進国のインフレ率（横軸）と名目GDP成長率（縦軸）

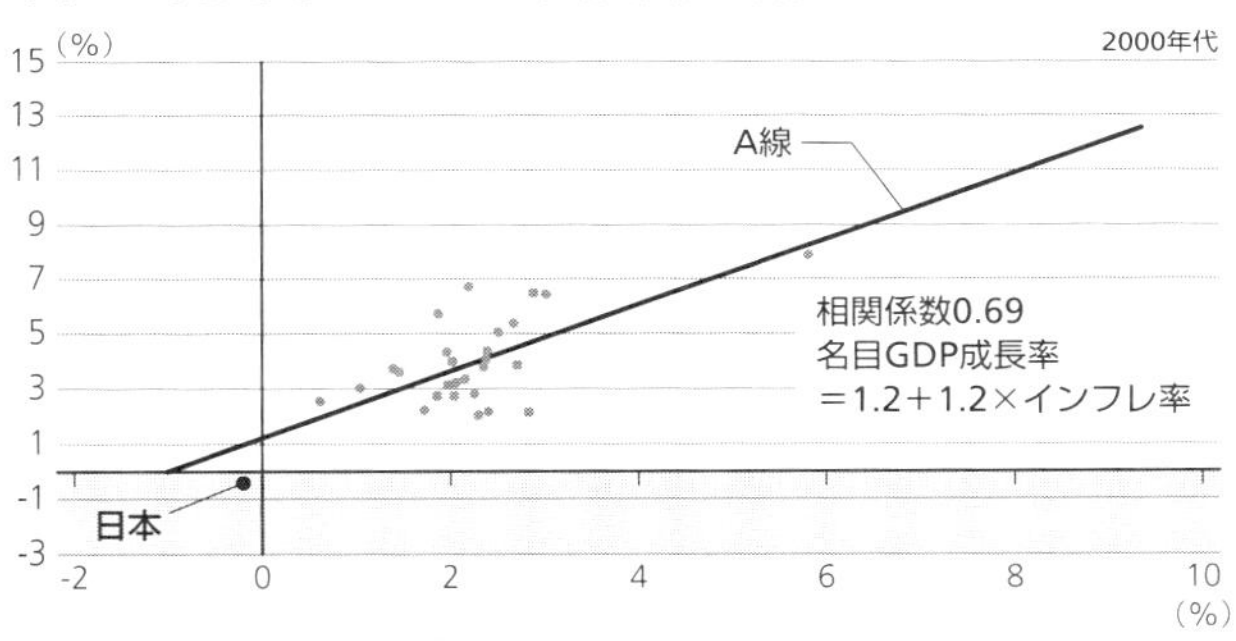

出所：IMF World Economic Outlook

しかし、この図が証明していることは、日銀が正しい金融政策を行い、２％前後のインフレ率が達成できれば、名目ＧＤＰ成長率も伸ばせるということです。

現に、２０００年代に起きた、50年、１００年に１回ともいわれるリーマン・ショックがなければ、４％程度の名目ＧＤＰ成長率は日本でも達成できる見込みでした。

ちなみに、成長率の数字になぜ名目ＧＤＰを使っているかというと、プライマリーバランスの対ＧＤＰ比や債務残高対ＧＤＰ比で言うところのＧＤＰが、額面上の――つまり名目値の――ＧＤＰである名目ＧＤＰだからです。

また、「日本はもう成長できない論」が明確に否定されることであるのは、黒田バズーカ以降に急回復した日本経済そのものが証明しています。

２０１８年５月の完全失業率は、前月比０・３ポイント低下の２・２％、１９９２年10月以来の低い水準になりました。有効求人倍率も44年ぶりに１・６倍台となり、中でも正社員に限った有効求人倍率は1・1倍と過去最高を更新したのです。

さらに就業者数も6673万人（季節調整済み）に達し、比較可能な1953年以降で最高水準になっています。それに伴い、2017年の自殺者数は、最も自殺者数の多かった2003年の3万4427人と比べると、1万3106人減の2万1321人まで減ってきています。

日本経済は本当に回復できるのか

毎日新聞の社説には、「現実離れした高成長と税収増を当て込み」とありますが、景気が回復すれば全体の税収が増え、プライマリーバランスが回復傾向に向かうのが当然であり、「現実離れ」とする意図が分かりません。

141ページの図33を見ても、プライマリーバランスが回復傾向に向かえば、税収が増えることは明らかです。

また、この図の中で注目していただきたいのが、日本のプライマリーバランスが、2008年度に黒字に転じる寸前にまで回復している点です。

この景気回復のきっかけは、小泉純一郎内閣による2001年の「骨太の方針」だと言えます。

小泉内閣はその後、2006年に「2011年度にプライマリーバランスを黒字化する」という目標を掲げ、2008年のリーマン・ショックが起きる前までは、実際に目標をかなり上回

図44 日本、アメリカ、イギリスの消費者物価指数（前年同月比）の推移

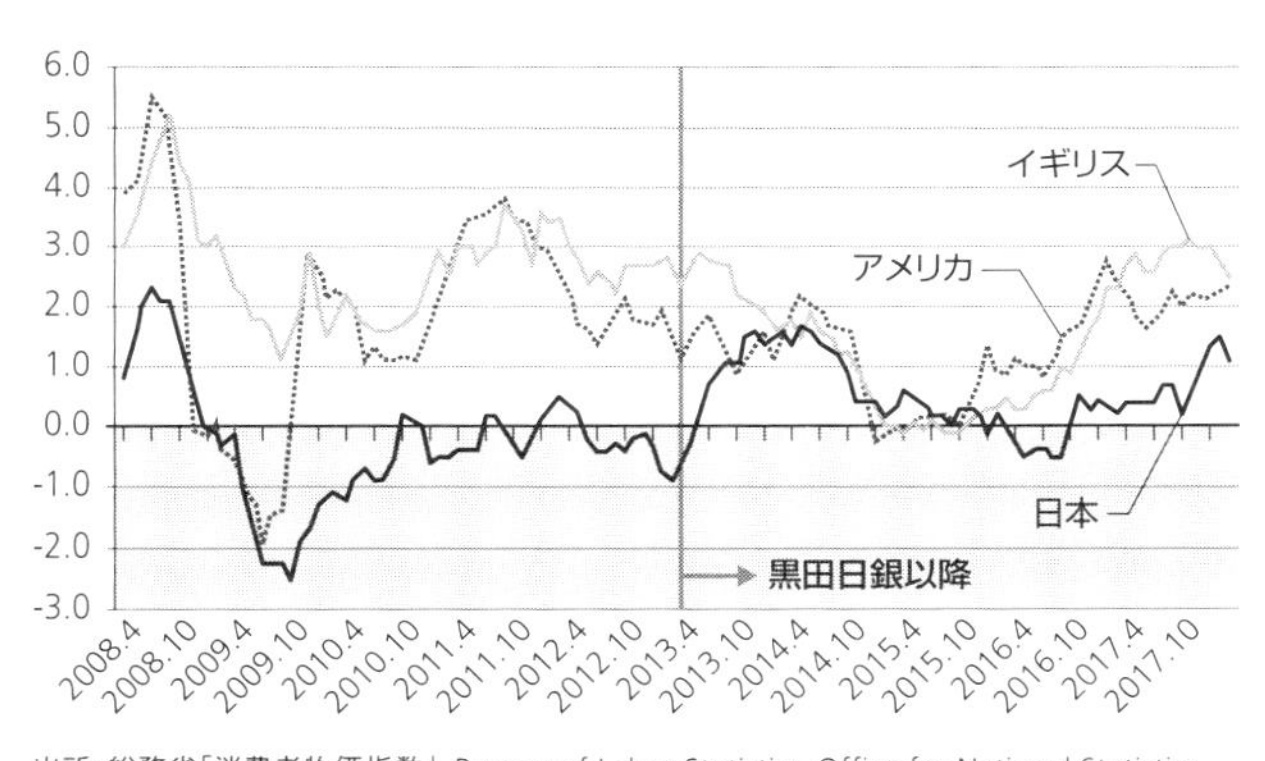

出所：総務省「消費者物価指数」、Bureau of Labor Statistics、Office for National Statistics。ただし、消費増税による名目的な影響を除去

るペースで財政再建が進んでいました。

これを現在の数字に置き換えれば、例えば「10年以内にプライマリーバランスを黒字化する」という目標を立てたとしても、その実現はそれほど非現実的な話ではないということです。

ただ、日本経済は回復できると言っても、「黒田日銀は2年でインフレ率2％を達成すると言ったのに、未だにできていないじゃないか」「やはり金融緩和は間違いだった」と、批判的な声があるのは否めません。

しかし上の図44を見れば、黒田日銀開始時から日本のインフレ率は順調に上昇し始め、一時は英米と肩を並べるくらいまでになっていることが一目瞭然です。

にもかかわらず、せっかく伸びていたインフレ率がいきなり腰折れし出したのは２０１４年

の半ば以降のことです。繰り返しになりますが、この年、消費税が5％から8％に引き上げられたのです。前述の通り、消費増税がなかった場合で試算すると、インフレ率は順調に伸び続け、2015年度中に政府は「デフレからの脱却宣言」を行える見通しだったという結果が出ています。つまり、現在のインフレ率が目標の2％に達していないことをもって、「金融緩和は間違っていた」とするのは筋違いで、本来なら消費増税を断行した財務省を批判しなければいけないのです。

このように、間違ったマスコミの情報に踊らされ、日本の将来、ひいては自分の将来を心配する人が大勢います。中でも、最大の心配材料とされているのが「年金破綻説」です。

第4章で説明した通り、年金制度そのものについては、それほど心配する必要はなく、かなり持続可能性の高い制度といえます。

もし、本当に公的年金が危うくなるとすれば、それは「ずっと経済成長をしなくなった場合」なのです。その時は年金だけでなく、すべての社会保障が破綻を余儀なくされるでしょう。

経済成長すると格差が広がる？

今、日本がやるべきことは、財政赤字を削減し、より安心した将来を迎えるべく、誤った経済政策を徹底的に控えることです。

図45　ジニ係数と失業率(1年後)の推移

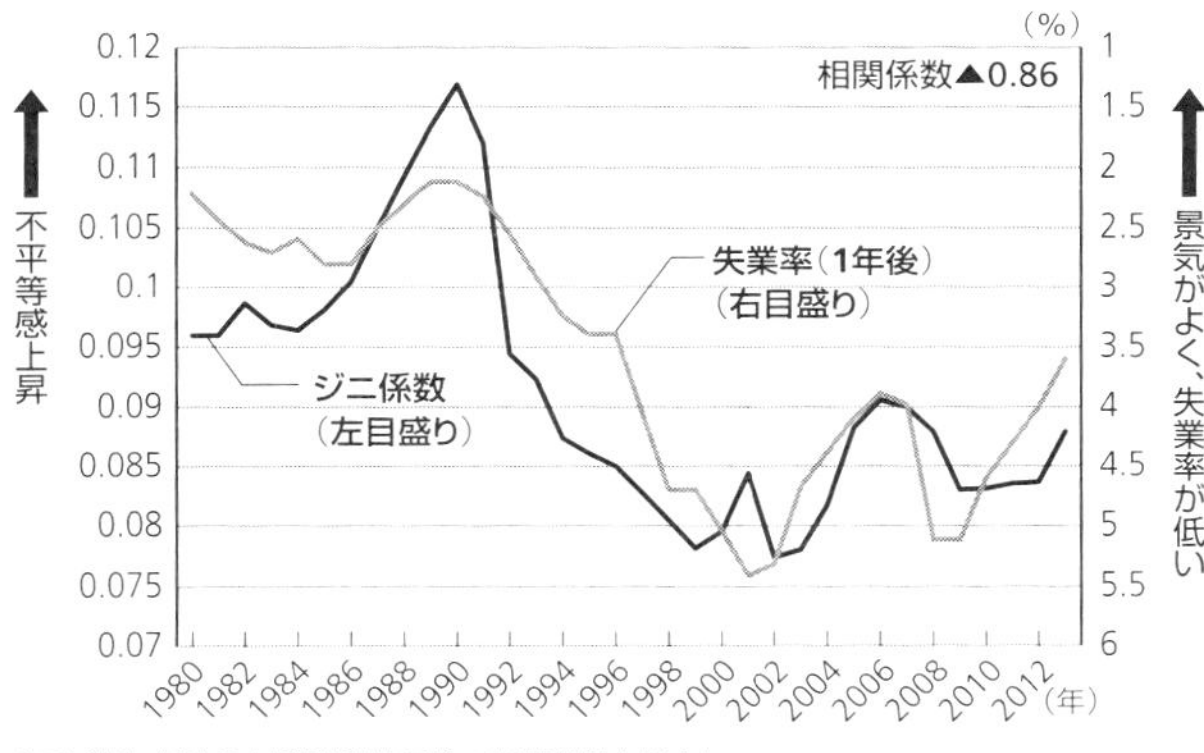

出所：総務省「市町村税課税状況等の調」「労働力調査」

中には、経済成長をすることで、生活の格差が広がるんじゃないかと心配する声もあります。では、実態はどうなのでしょうか？

上の図45は、ジニ係数と失業率（1年後）の推移を表したものです（ここでは相関関係を分かりやすくするため、失業率は下にいくほど高まる形の逆数で表示）。ここでの失業率の推移は、景気の上げ下げを示す数字として使っています。失業率が高い時は景気が悪く、低い時は景気がいい時です（図では上にいくほど景気がいい状態）。

一方の「ジニ係数」とは、所得の不平等感を示す数値であり、「0」は完全に平等な状態で、数値が大きくなるにつれて不平等となっていきます。このジニ係数と景気との関係を見ると、確かに景気がいい年ほど、ジニ係数は高くなり、不平等になっているのが分かります。

この実態があるからこそ、「景気がよくなると格差が生まれる」という問題が叫ばれるのでしょう。

ただここで考えたいのは、その格差とは何か？　ということです。結論から言うと、景気がいい時に広がる格差とは、実は中流以下の人たちと上流の人たちの間に広がる格差なのです。

どういうことかというと、図45の失業率に着目してください。ジニ係数の上昇にやや遅れて、失業率が低下しています。一方、この時の景気の回復にともなうジニ係数の上昇、つまり格差の拡大は、景気が回復した時の利益の拡大幅が、中流以下の人よりも上流の人のほうが大きいために起こるものです。

すなわち、富める人が益々富んだために起こる格差の拡大であることには違いないのですが、失業率が低下しているということは、今まで失業していた低所得者層の人たちが仕事にありつくことができたということです。その裏で、失業していた下流にいた人たちには職が生み出されているということを、決して見逃してはいけません。

だから、「格差」を原因として経済成長を止める道を選ぶとしたら、それはこれまで以上に多くの人を失業に追い込むことにもつながるのだということを忘れてはいけません。

「上流の人たちがさらに富むのはけしからん」という心情は分からなくもありませんが、真に目を向けなければいけないことは、確かに上方への格差は広がる一方で、失業率は下がり、自殺に追い込まれる人も大きく減るというまぎれもない事実です。

大切な「経済成長」という芽を、「やっかみ」という名の暴力によって叩き潰し、ひいては失業者の数を増やすことを通じて自殺者の数を膨大なものにするなど、決してあってはならないことだと私は考えています。

確かに進歩していること

黒田・岩田日銀が成し得た日本経済への最大の貢献こそが、まさにこの、失業率を改善し、就業者数を増やしたことです。

それ以前、白川日銀までの誤った金融政策の結果、日本は失業率が4～5％程度もあり、仕事に就いている就業者数は6300万人ほどでした。それが2018年5月にはかなり改善が進み、完全失業率は前月比0・3ポイント低下の2・2％、1992年10月以来の低い水準になったのです。

有効求人倍率も44年ぶりに1・6倍台となり、中でも正社員に限った求人倍率は1・1倍と過去最高を更新しました。さらに就業者数も6673万人（季節調整済み）に達し、比較可能な1953年以降で最高水準になっています。

失業率が下がれば、生活保護を受けなければいけないほど困窮する人の数も減るので、生活保護受給率も下がり、さらには自殺率や犯罪率も低下すると目されています。

また、求人数に対し人手が不足するため、企業が労働者に力を振りかざすブラック企業も淘汰されつつあります。求人が増えるということは、ひいては労働者側が力を持つということでもあるからです。

このように、黒田・岩田日銀による金融緩和の成果として、完璧にはまだ遠いながらも、経済状態はかなりよくなったと言えます。

もしも大規模金融緩和がなかったら……

黒田日銀〝以前〟の20年間は、日本の経済状態は本当に深刻なものでした。

名目ＧＤＰ、実質ＧＤＰ、一人当たりＧＤＰ、そのすべてにおいて、世界の中でほぼ最下位の伸び率だったのです。先進国ではなく、世界の中でほぼ最下位――これがどれほど深刻なものか、想像できるでしょうか。この時であれば、もう何をしても経済成長できないと言われても反論できなかったかもしれません。

当時の日本がいかに経済成長から取り残されていたか、それを表しているのが次ページの図46です。

日本だけ、名目ＧＤＰがまったく伸びていなかったことが分かります。

図46　先進国の名目GDPの推移
（1991年を100とした場合）

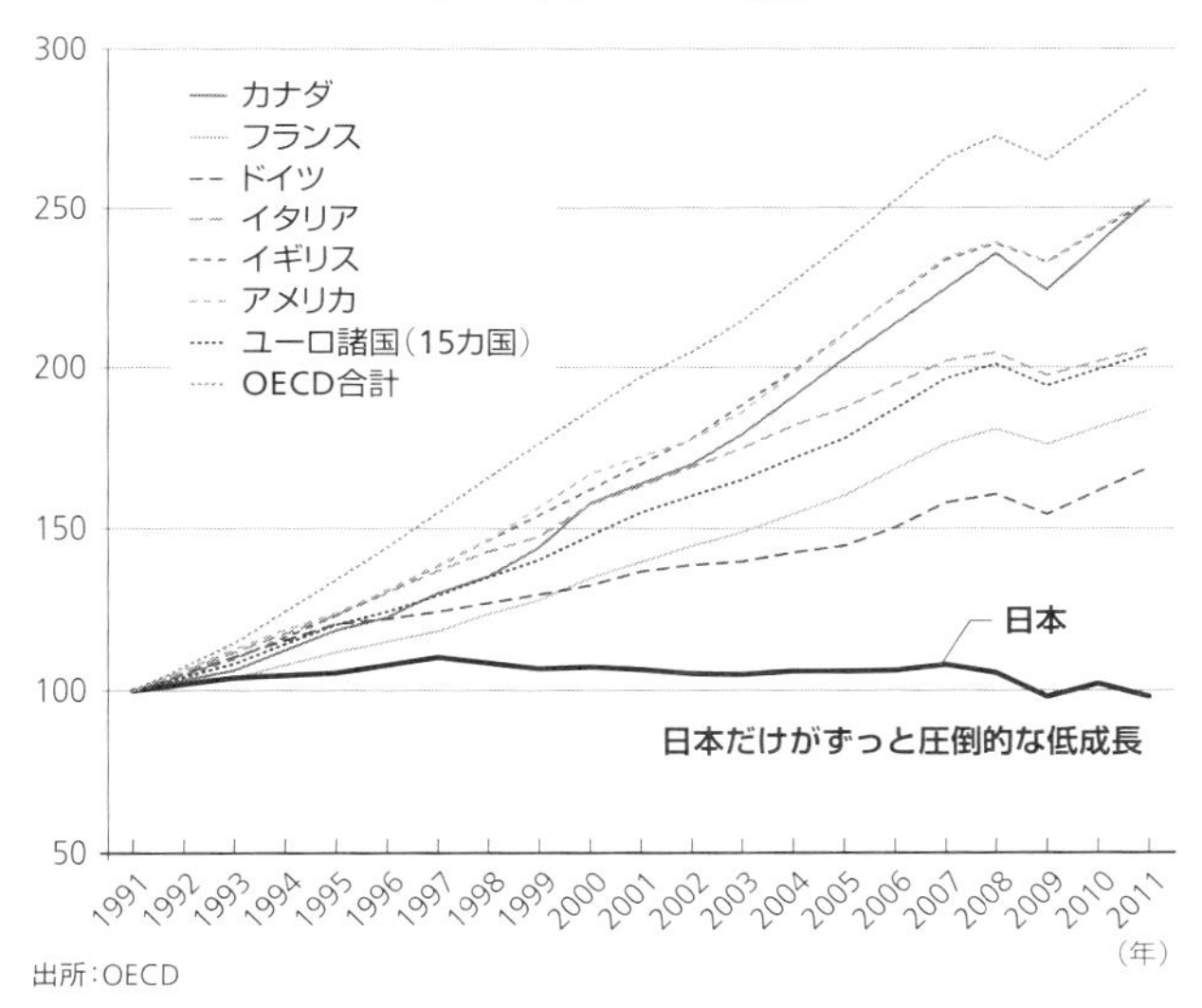

出所：OECD

ちなみに現在の日本はどうかというと、一人当たりGDPは4万ドル程度で、世界で約20位。先進国とは、基本的には一人当たりGDPが1万ドル以上の国を指すので、日本は立派な先進国です。

しかし、黒田緩和以前の状況のまま、2050年まで進んでいたとしたら、どうなっていたでしょうか？

アメリカは年間3・6％の伸びなので、2050年には一人当たりGDPは、今の5万ドルが19万ドルになります。ユーロ諸国（15カ国）は年間3・8％の伸びなので、今の4万ドルが15万ドルになります。

対して日本の一人当たりGDPは、

5万ドル程度にしかならないでしょう。

つまり、黒田緩和がなければ、日本は近い将来、先進国とは言えなくなっていたかもしれないのです。

二度とそんな危険な状態に後戻りしてはなりません。そのためには我々一人ひとりが、正しい知識を身につけることで、自己防衛していかなければならないのです。

「消費増税やむなし」を問う

「財政再建のためには消費増税やむなし」という考えが、どれほど危険なことかは、もう十分お分かりいただけたと思います。本書以外でも、普段の私の言説を気にかけてくださっている方なら、すでに「不況下の消費増税など、とんでもない」という認識を持っておられるかもしれません。しかし残念ながら、世間の常識はまだそこにははるかに及んでいません。

その証拠に、まさに今、財務省が消費増税をすると発信し、推進され、実現されそうな「現実」があるのです。日本の失業率を増加させ、自殺者数を増やすという最悪の結果を招いた、かつての過ちを繰り返さないために、今を生きる私たちにできることはあるのでしょうか？

日本経済新聞社とテレビ東京の共同による2018年10月26〜28日の世論調査によると、2019年10月に予定する消費税率の10％への引き上げについて、賛成が47％と、反対の46％を上回っていることが分かりました。

それだけ、消費増税が及ぼす危険性が知られていないということなのです。

でも、だからこそ、ここで知ってしまった者の責任として、あなたは「不況下の消費増税政策」のような間違った金融政策を受け入れてはいけません。

金融政策に関して、２０１８年12月現在は、その執行部に若田部昌澄副総裁や、原田泰（ゆたか）審議委員、片岡剛士審議委員といった、正しい金融政策を理解している方々がいるのでいいのですが、問題はそういう方々が執行部を卒業した後の日銀の姿です。

そこで、総裁、副総裁、審議委員が誰であっても、正しい金融政策を日銀に実施させる方法としては、「日銀法の改正」というものがあります。

では、日銀法をどう改正すればいいのか？　現在の日本では、金融政策の目的は「物価の安定」のみとされているので、それにプラスして、「物価の安定とともに失業率の安定をはかる」という方向への改正が必要です。

そうすれば、日銀執行部の人間がいくら変わろうとも、またその時々の政権与党がどんなに変わろうとも、日銀は完全雇用を目指してしっかり金融政策を行うようになるはずです。

一人ひとりができること

経済成長というものは、待っているだけで成立するものではありません。企業や地方の努力に加え、一人ひとりの個人が正しい意識を持つことで、明るい将来につながっていくものなのです。

そのためには今後、「誤った消費増税を支持・推進するような組織、政治家や政党を選挙で通してはいけない」し、「正しい金融政策」をどの時代でも、どの政党が与党になっても、いつでも求め続けなければならないのです。

本書の内容が、広く世の中に出回ることによって、そういった正しい政策実現の端緒となることができれば、筆者にとって、それ以上の喜びはありません。

長々と書いてしまいましたが、ここまでおつき合いいただき本当にありがとうございました。

著者略歴

髙橋洋一

たかはしよういち

数量政策学者。

嘉悦大学ビジネス創造学部教授、株式会社政策工房代表取締役会長。

一九五五年東京都生まれ。

東京大学理学部数学科・経済学部経済学科卒業。博士(政策研究)。

八〇年に大蔵省(現・財務省)入省。

大蔵省理財局資金企画室長、プリンストン大学客員研究員、

内閣府参事官(経済財政諮問会議特命室)、内閣参事官(内閣総務官室)等を歴任。

小泉内閣・第一次安倍内閣ではブレーンとして活躍し、数々の政策を提案・実現。

二〇〇八年退官。

幻冬舎新書 546

日本の「老後」の正体

二〇一九年三月三十日　第一刷発行
二〇一九年四月　十　日　第二刷発行

著者　髙橋洋一
発行人　見城　徹
編集人　志儀保博

発行所　株式会社　幻冬舎
〒一五一-〇〇五一　東京都渋谷区千駄ヶ谷四-九-七
電話　〇三-五四一一-六二一一(編集)
〇三-五四一一-六二二二(営業)
振替　〇〇一二〇-八-七六七六四三

ブックデザイン　鈴木成一デザイン室
印刷・製本所　株式会社　光邦

Printed in Japan　ISBN978-4-344-98547-6 C0295
た-23-1

幻冬舎ホームページアドレス http://www.gentosha.co.jp/
＊この本に関するご意見・ご感想をメールでお寄せいただく場合は、comment@gentosha.co.jp まで。

幻冬舎新書

坂口孝則

未来の稼ぎ方

ビジネス年表2019―2038

この先の20年で儲かる業界とそのピークは?〈エネルギー〉〈インフラ〉〈宇宙〉〈アフリカ〉など注目業界の未来を予測し、20年分のビジネスアイデアを網羅。時代の本質を見極める一冊。

岸博幸

オリンピック恐慌

好景気は続くが、東京五輪まで。五輪特有の盛り上がりが終われば経済は厳しい局面に入る。個々人は来る危機に備え、稼ぐ力を身につけたい。年金に頼らず75歳まで働くことも想定すべきだ。

橋本卓典

金融排除

地銀・信金信組が口を閉ざす不都合な真実

「十分な担保・保証がある企業以外には貸し出しをしない」という「金融排除」を銀行自らが疑いもしないのはなぜか。「銀行消滅」に怯える前に、地方金融が活性化する方策はいくらでもある!

五木寛之

新老人の思想

長寿が無条件に幸せで尊ばれる時代は過ぎた。超・老人大国、日本にこれから必要な思想とは?「若年層に頼らない」「相互扶助は同世代で」「単独死を悲劇としない」等、老人階級の自立と独立を説く衝撃の書。

幻冬舎新書

副島隆彦
老人一年生
老いるとはどういうことか

老人は痛い。なのに同情すらされない。若い人ほどわかってくれない。これは残酷で大きな人間の真実だ。5つの老人病に次々襲われた著者の体験記。痛みと老化と医療の真実がわかる痛快エッセイ。

堤未果
日本が売られる

日本人が知らぬ間に様々な法改正が水面下でなされ、米国や中国等の海外勢が日本の資産を食い潰そうとしている。国際ジャーナリストが緻密な現場取材と膨大な資料を通し、書き下ろした一冊。

梶谷真司
考えるとはどういうことか
0歳から100歳までの哲学入門

ひとり頭の中だけでモヤモヤしていてもダメ。考えることは、人と問い語り合うことから始まる。その積み重ねが、あなたを世間の常識や不安・恐怖から解放する——生きることそのものとしての哲学入門。

丸山俊一＋NHK「欲望の民主主義」制作班
欲望の民主主義
分断を越える哲学

世界中で民主主義が劣化している。今、世界の知性たちは何を考えるのか——？　若き天才哲学者、マルクス・ガブリエルら六人が考察する政治変動の深層。世界の現実を知る必読書。